产业供应链金融

供应链金融的最终解决方案

郑殿峰 齐宏／编著

中国商业出版社

图书在版编目（CIP）数据

产业供应链金融：供应链金融的最终解决方案 / 郑殿峰, 齐宏编著. -- 北京：中国商业出版社, 2019.12

ISBN 978-7-5208-1041-8

Ⅰ.①产… Ⅱ.①郑…②齐… Ⅲ.①供应链管理—金融业务—研究 Ⅳ.①F252.2

中国版本图书馆CIP数据核字（2019）第271267号

责任编辑：黄世嘉

中国商业出版社出版发行
010-63180647　　www.c-cbook.com
（100053　北京广安门内报国寺1号）
新 华 书 店 经 销
河北盛世彩捷印刷有限公司印刷
* * *
710毫米×1000毫米　16开　12.5印张　192千字
2020年6月第1版　2020年6月第1次印刷
定价：45.00元
* * * *
（如有印装质量问题可更换）

《产业供应链金融：供应链金融的最终解决方案》

编委会

主　编：郑殿峰　齐　宏

副主编：鲁　顺　王晓东

· 郑殿峰 ·

北京中金云创软件有限公司创始人、CEO、资深金融科技领域实战专家，首批供应链金融领域技术与产品研创专家，专注于金融IT和产业互联网，曾就职于金蝶软件，历任平强软件事业合伙人。精通供应链金融、互联网金融、商业保理、ABS、信托、融资租赁等领域信息化建设。曾服务于中车、中铁建、中电建、中铁、京东、河钢、首钢、航天丝路、联想、华润、国药、海尔、瑞康医药、传化、oppo、vivo等30多家国央企、世界500强企业和上市公司，主持并参与供应链金融、商业保理、融资租赁、ABS、信托等领域信息化建设项目百余个。

· 齐　宏 ·

北京中金云创软件有限公司副总经理，运营总监，企业运营管理专家，国内互联网金融行业资深从业者，历任香港光华管理学院、时代光华教育集团特聘讲师，航天信息股份公司行业顾问，主要研究领域为互联网创新企业成长和传统企业的转型、区块链、供应链金融等。为供应链金融、商业保理、融资租赁、ABS领域多家企业提供了信息化建设咨询服务。曾出版《王牌销售攻心术》《不冒风险就是最大的风险》等书。

· 鲁　顺 ·

五道口供应链研究院&五道口保理学院院长，清华大学—澳大利亚国立大学管理学硕士，法律职业资格，国家一级信用管理师。2008年至今从事供应链金融领域研究、咨询、培训等工作，服务过几百家大型的供应链金融企业。

· 王晓东 ·

华北电力大学计算机硕士。北京中金云创软件有限公司总经理、联合创始人，资深金融科技领域实战专家，"E信"模式供应链金融产品开创者。曾就职于用友、金蝶公司，历任集团级ERP产品规划师、事业部经理、项目总监等职。精通供应链金融、互联网金融、融资租赁、商业保理、ABS、EAM、工程项目管理等产品业务，具有金融、电力、钢铁、化工、采掘冶金等多个行业信息化经验。主持参与供应链金融、商业保理、融资租赁、ABS、互联网金融等领域信息化建设项目百余个。

序 言

当前，我国的经济正处于持续转型升级的阶段，供给侧结构性改革成为我国经济升级的重要突破口。在供给侧结构性改革中，金融端的改革无疑是重中之重。我国的制造业要从基础制造转向智能制造，除了要依靠高新技术推动，还需要依靠金融行业的支持。"产融结合，脱虚向实"已经成为我国产业经济发展的必然选择。

中小企业"融资难、融资贵"的问题是个世界性难题，供应链中信息的不对称会进一步加剧这一问题。无论是在发达国家，还是在发展中国家，解决中小企业"融资难、融资贵"的问题都被提高到战略高度。很多国家都通过构建相应的政策扶持体系，来弥补由于市场机制缺陷造成的问题，我国国内的金融改革，很大程度上也是在着力解决这一问题。

在这一特殊的时代背景下，供应链金融伴随"产业发展需求而生"，逐渐成为我国金融市场上一种重要的金融服务形式。

这并不是一种新兴的金融服务形式，其在我国已经发展了 20 年之久。21 世纪初，银行等金融机构开始对供应链金融模式进行探索，并推出了一些具体的供应链金融业务模式。但由于早期缺少政策支持，金融技术发展也尚未成熟，使得这些传统的供应链金融模式，在具体应用中出现了较多问题。因此，供应链金融并没有在全国范围内广泛传播。

进入 21 世纪第二个十年，在一阵阵"东风"的助力下，我国供应链金融市场在"一夜之间"蓬勃兴盛起来。

在市场需求层面，我国非金融企业应收账款余额规模在2012年便已经超过了16万亿。在2017年，我国工业企业的应收账款也达到了13万亿的规模。作为供应链金融重要的融资模式，应收账款规模的不断增长为我国供应链金融的快速发展奠定了坚实的基础。

在政策支持方面，2017年，党的十九大报告首次提出"现代供应链"概念。同年，国务院发布《关于积极推进供应链创新与应用的指导意见》，这在党和国家的层面上对发展供应链做出了明确指示，供应链金融的发展也被提升到国家战略层面。而在此之前，国资委、国家发改委、工信部等部门纷纷出台多项具体政策，鼓励应收账款融资业务发展。

到了2019年，深圳、浙江、上海等省、市也先后发布了鼓励供应链金融发展的政策。2019年1月14日，深圳发布《关于促进深圳市供应链金融发展的意见》，这是我国首个地方性促进供应链金融发展的文件。文件指出，发展供应链金融是推进供给侧结构性改革、增强金融服务实体经济效能的重要力量。

2019年4月28日，浙江银保监会印发《中国银保监会浙江监管局、浙江省商务厅、中国银保监会宁波监管局关于发展供应链金融支持小微企业发展的通知》。作为首个省级鼓励发展供应链金融的地方文件，该《通知》主要从搭建供应链金融服务平台、创新供应链金融模式、建立名单制管理、促进多方协同合作等方面对供应链金融业务的贯彻落实提出了具体要求。

2019年5月9日，上海市商务委、上海市发展和改革委等部门联合印发《上海市鼓励设立民营企业总部的若干意见》，从金融政策、人才政策和营商环境等方面加大对供应链金融发展的支持力度。该《意见》指出，支持民营企业总部开展供应链金融，对经认定的民营企业总部，可加入中国人民银行征信中心应收账款融资服务平台。

除了市场需求和政策扶持外，金融科技的发展也是供应链金融蓬勃发展的重要助力。区块链、大数据和物联网等新兴科技解决了供应链金融业务发展的痛点，尤其是区块链技术所具有的数字加密、分布式账本、点对点通信等多领域的融合技术,凭借其链上数据的不可篡改和可溯源性,对于解决产业供应链金融业务中的各类风险具有重要帮助。

区块链技术可以将核心企业的信用扩展到整个供应链,即使是处于供应链末端的较多层级的供应商,也可以获得核心企业的增信支持。这可以在很大程度上提高供应链链条的融资效率,帮助供应链金融服务企业更好地对整个供应链进行管理。

在这些因素的共同影响下,供应链金融迎来了最好的发展时代。在与不同产业深度融合的过程中,供应链金融开始逐渐向产业供应链金融模式转变,其体系更加复杂,覆盖范围也更为广泛。当前,产业供应链金融已经成为我国金融服务创新的重要手段,伴随着产业供应链金融业务实践的深入,越来越多新的供应链金融业务形式将会涌现出来,金融端的创新变革将会为我国供给侧结构性改革提供更大助力。

目录 CONTENTS

第一章　供应链金融 ··· 001

第一节　供应链金融产生的背景 ··· 003

第二节　供应链金融解决的问题 ··· 007

第三节　供应链金融的参与者 ··· 012

第四节　供应链金融的发展趋势 ··· 018

第二章　供应链金融模式分析 ··· 023

第一节　以商业银行为中心的1+N模式 ··· 025

第二节　以核心企业为中心的链条模式 ··· 030

第三节　以物流企业为中心的支持模式 ··· 034

第四节　以电商平台为中心的蛛网模式 ··· 039

第五节　以供应链协作服务商为中心的协作模式 ··· 044

第三章　从供应链金融到产业供应链金融 ··· 049

第一节　从商业保理到供应链金融 ··· 051

第二节　产业供应链金融的概念 ··· 056

第三节　产业供应链金融的核心要素 …………………… 059

　　第四节　以电子信用凭证为代表的产业供应链金融 …… 064

第四章　产业供应链金融新模式 …………………………… 069

　　第一节　中心模式：以核心企业为主导 ………………… 071

　　第二节　资金模式：以出资方为主导 …………………… 076

　　第三节　平台模式：建立可信赖的金融平台 …………… 082

　　第四节　产业供应链金融新模式的典型代表 …………… 086

第五章　区块链赋能供应链金融 …………………………… 093

　　第一节　区块链——核心技术自主创新的突破口 ……… 095

　　第二节　区块链助力供应链金融落地 …………………… 099

　　第三节　嫁接在区块链技术下的供应链金融 …………… 102

　　第四节　区块链技术赋能供应链实例 …………………… 107

　　第五节　腾讯的区块链方案 ……………………………… 111

第六章　产业供应链金融的代表——电子信用凭证 ……… 117

　　第一节　电子信用凭证的运行机制 ……………………… 119

　　第二节　电子信用凭证解决了供应链金融的痛点 ……… 122

　　第三节　电子信用凭证所面对的法律问题 ……………… 126

第七章　产业供应链金融的资金来源分析 ………………… 131

　　第一节　商业银行 ………………………………………… 133

　　第二节　融资租赁公司 …………………………………… 134

　　第三节　电商系民营银行 ………………………………… 137

　　第四节　供应链金融 ABS ………………………………… 140

第八章　产业供应链金融模式的风险管控 …… 143

第一节　基础风险：产业市场风险对比分析 …… 145

第二节　道德风险：核心企业信用风险和道德风险对比分析 …… 149

第三节　产业风险：上下游融资企业信用风险对比分析 …… 153

第四节　操作风险：激进者的杠杆扩张冲动 …… 157

第五节　风险防控：产业供应链金融风险管控 …… 160

第九章　中国产业供应链金融未来发展展望 …… 165

第一节　被供应链金融重新定义的商业世界 …… 167

第二节　中国促进中小企业发展的相关普惠金融政策 …… 171

第三节　中国商业保理及融资租赁发展的相关政策 …… 178

第四节　中国产业供应链金融未来发展方向及前景展望 …… 184

第一章　供应链金融

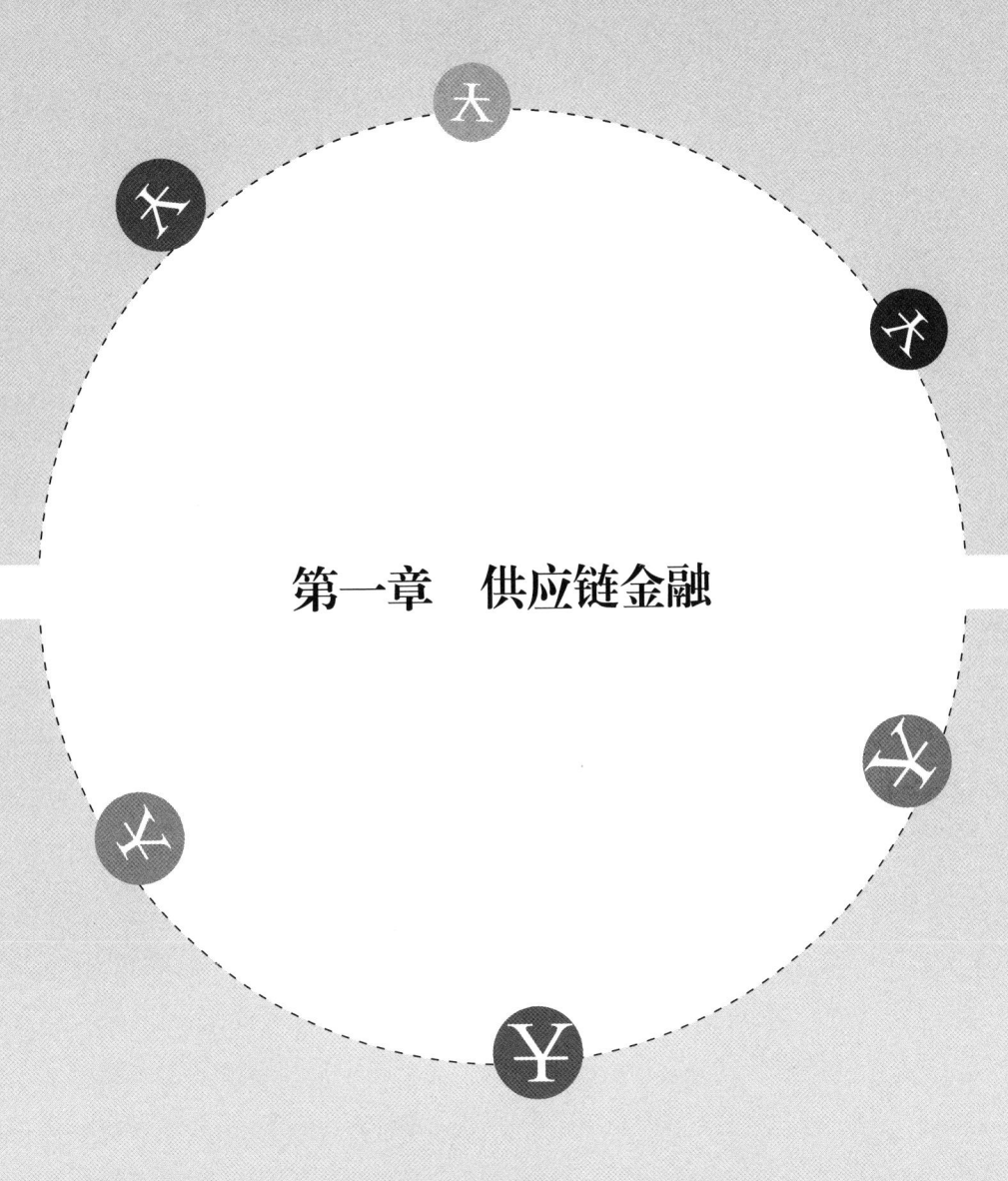

第一节　供应链金融产生的背景

供应链金融概念的产生，并不是近一两年的事情。只不过在近些年来，经济领域中产生的一些问题，恰好在供应链金融这里找到了解决方法。由此，供应链金融才又一次火了起来。

在论及供应链金融这个概念时，行业内甚少有人会直接盖棺定论地给出一个固定定义。但无论是哪种对于供应链金融的解释，其内在核心都是大同小异的。

简单来说，供应链金融是银行把核心企业和上下游企业联系在一起，提供灵活运用的金融产品和服务的一种融资模式。在这个简单定义中，资金就

那么，什么是供应链金融？（从与传统金融相比较的角度来看）

传统金融

供销企业是银行很少关注的区域，单独、孤立的银行业务，不关注流程和交易过程，传统的金融服务是从单个行业出发提供的服务。

供应链金融

供应链金融是一种集物流运作、商业运作和金融管理为一体的管理行为和过程，它将贸易中的买方、卖方、第三方物流以及金融机构紧密地联系在一起，实现了用供应链物流盘活资金、同时用资金拉动供应链物流的作用。

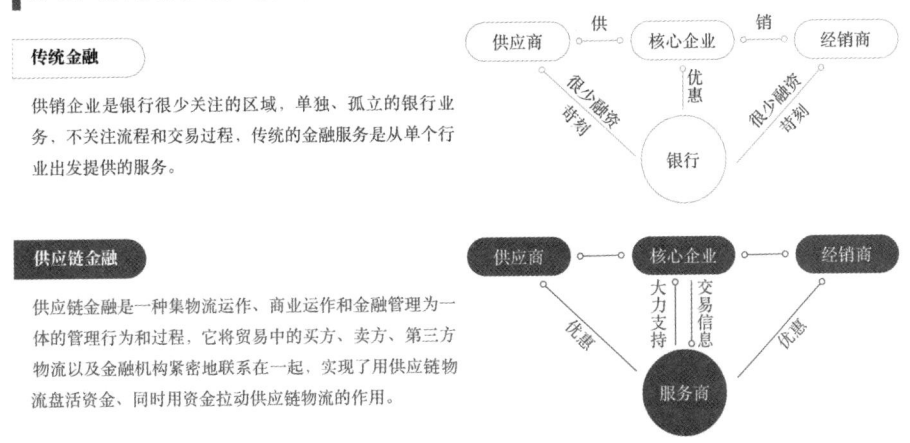

传统金融与供应链金融

像水流一样,它只有潺潺不绝地流动起来,这种金融模式才算发挥了作用。

单看上面的解释,还是有些过于简单。如果要再丰富、严谨一点,我们可以说:供应链金融主要是围绕核心企业,来管理上下游中小企业的物流和资金流,将单个企业的不可控风险转变为整个供应链企业的可控风险,综合获取各种信息,从而将风险降到最低的一种金融服务。

上面这个定义所阐述的内容比较丰富,除了指出供应链金融是一种金融服务外,还指出了其综合获取信息、控制供应链风险的特征。

提到控制供应链风险,这里就涉及我们本节要讲述的核心内容:供应链金融产生的背景。

按照一般流程来讲,一个特定商品的供应链最初都是从原材料采购开始,到消费者购入结束。这其中会涉及供应商、制造商、分销商、零售商和消费者等诸多环节,将这些环节或节点串联起来,就构成了一个完整的供应链。

供应链听上去简单,但实际经营管理起来却是非常复杂的。如果是原始社会的物物交换,能够实现一手交钱一手交货,那么这种供应链除了需要具体划定一下物物交换的比例外,并不会出现太多其他问题。但在现代,伴随着信用销售的出现,整个供应链中的各个环节都可能因此出现资金缺口问题。

在一个完整的供应链中,核心企业的规模和实力较强,在整个供应链中常居于主导地位。即使如此,其在下达订单和收货之间也会出现资金缺口。核心企业如此,供应链之中的其他中小企业更是如此。支付资金和获得资金的时间差是每个供应链参与者都会遇到的问题,一旦哪个参与者的资金流出现了问题,就会影响到整个供应链的正常运转。

由于核心企业处于整个供应链的主导地位,供应链中的信息流、资金流和物流大多需要核心企业来协调,这种"一家独大"的地位很容易导致其与供应链中其他成员间形成一种较为隐性的不平等现象。

具体来说,核心企业常常会凭借自己的强势地位,在交货、价格和账期方面对上下游企业提出较为严苛的要求。这些要求大多是从核心企业自身利益角度出发的，很少会考虑上下游企业的具体利益和实际情况。因此，在这一方面，核心企业就将自己的资金压力转移到了上下游企业身上。

一般而言，那些围绕在核心企业周边，与核心企业形成完整供应链的上下游企业，大多是与核心企业配套的中小微企业。这些中小微企业在获取银行授信方面本就非常困难，既无法从银行获得融资，又必须要面对核心企业的严苛要求。在这种两难境地中，它们的资金链很容易出现问题，进而导致整个供应链发生失衡、断裂的情况。

在供应链金融出现以前，也曾出现过其他一些供应链问题的解决方案，比如由供应商来管理库存系统。这种解决方案是供应商与下游企业签订协议，由供应商来管理下游企业的库存，当下游企业库存的产品都被用完后，才开始进行所有权转移。简单来说，这是一种改善库存管理的策略。

通过这种解决方案，下游企业可以及时供货，供应商也可以更好地安排生产工作，如果做得好，基本可以避免压库现象的发生。但其是否能够完美解决供应链中各参与者的资金压力问题呢？很遗憾，在具体实践中，这种解决方案还存在着一些明显的问题。

首先，最为明显的问题是库存会占压资金，这一点很好理解。其次，就是通过库存，供应链参与者很少能够获得银行的贷款。对于商业银行来说，监控库存并不是一件容易的事情，很少有商业银行会承担这种不必要的信贷风险，为其发放贷款。

除了这种解决方案外，业界还出现过其他解决方案，但这些解决方案与上面提到的方案基本都大同小异。它们很多能够解决供应链中一个或多个环节的问题（当然这些问题解决得可能还并不彻底），却很少能够解决整个供应链中存在的问题。最终的结果依然是核心企业在供应链中占据主导地位，但这种主导地位如果失去供应链中其他参与者的支持，也是毫无意义的。

除了供应链内部的需求外，贸易全球化趋势对供应链金融概念的出现也产生了重要影响。最初的供应链管理主要集中在物流和信息流的层面上，并没有涉及资金流的内容，伴随着供应链管理实践的加深，人们才逐渐关注到财务供应链管理的价值。

财务供应链管理主要是通过对供应链上下游企业的现金流和资金筹措进行安排，并将其合理分配到各个节点，确保资金的流动性，从而实现整个供应链财务成本的最小化。这种财务供应链管理的主导者往往是核心企业，通过与商业银行进行合作，将供应链成员全部纳入管理范围，最终确保核心企业获得收益。

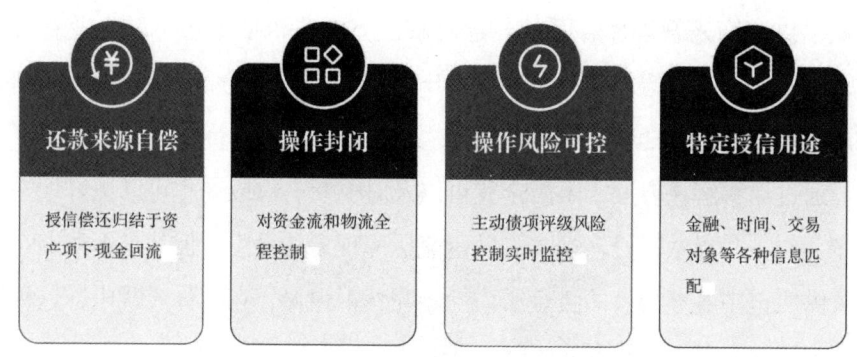

供应链金融的显著特征

供应链运作效率的低下，供应链运作过程中的资金问题，都要求市场参与者继续寻找新的供应链管理模式。正是在这样的背景下，供应链金融应运而生。其作为一个产融结合的生态系统，将供应链中各成员高效地联结在一起，最终实现了供应链的高效率运作。

从当前的供应链金融发展来看，核心企业依然是开展供应链金融的中心。在一个良好的供应链金融生态系统中，供应链金融服务商要确保供应链从起点到终点间各个节点的信用，从而控制供应链融通资金的使用，确保真正低风险、高效率地运作。

第二节　供应链金融解决的问题

上一节提到,供应链金融从定义角度来讲,可以算是一种金融风险控制的手段。它不能仅考察企业的整体状况,还需要以整个供应链上下游企业的真实贸易为基础,将企业贸易行为所产生的未来现金流作为还款来源,优化供应链现金流,从而确保供应链整体效率的提高。

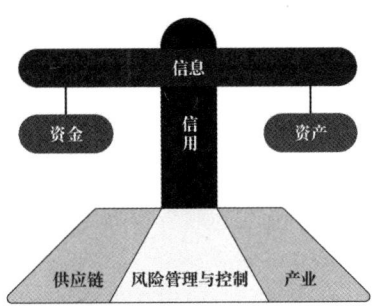

○ 以风险控制(Risk Control)为基,以信息(Information)为梁,以信用(Credit)为柱,促进金融资源(Capital)与产业资产(Resource)相融合,建设健康、和谐、安全的供应链服务平台

○ 金融需求始于供应链,金融落脚点是服务于供应链:从供应链中来,到供应链中去

供应链金融的本质:天秤模型与漏斗模型

供应链金融产生的原因,一方面在于供应链参与者的需要,另一方面则是源于金融机构业务创新的需要。从这个角度来讲,它在具体实践中所解决的问题,也正是立足于这两大方面。

一、供应链金融解决的问题一：中小微企业融资难

在供应链中，中小微企业既会面临及时向核心企业供货，却迟迟收不到应收账款的情况，又会面临在销售前向核心企业提前支付保证金的情况。这两种情况都会为中小微企业带来较大的资金压力，实际上，在这种情况中，中小微企业是在承担核心企业的资金风险。但反过来，它们却没有得到核心企业的信用支持，在申请银行贷款时又会困难重重。

当前，中小微企业融资难问题是一个普遍现象，为了解决这一问题，我国政府出台了许多相应的政策。但从当前现状来看，这一问题的解决还需要一定的时间。

从我国企业整体贷款结构来看，不同规模的企业，其贷款结构具有较为明显的差异。与大型企业相比，中小微企业的抵押贷款比例要明显高出许多。但由于中小微企业本就缺少房、车等固定资产作为抵押，所以其真正依靠抵押固定资产获得的贷款也并不多。

在给中小微企业发放贷款时，银行更倾向于向其发放抵押贷款，而不是信用贷款。这是因为银行在发放贷款时，主要以主体信用为依据进行风险评估。因为中小微企业的主体信用远不及大型企业，所以银行在发放贷款时也会相对谨慎。这样一来，中小微企业就必须用抵押担保的方式来弥补自身信用上的不足。

2017年10月13日，国务院办公厅印发了《关于积极推进供应链创新与应用的指导意见》（下称《意见》）。《意见》明确指出，供应链金融的规范发展，有利于拓宽中小微企业的融资渠道，确保资金流向实体经济。《意见》还鼓励商业银行、供应链核心企业等建立供应链金融服务平台，为供应链上下游中小微企业提供高效便捷的融资渠道。鼓励供应链核心企业、金融机构与人民银行征信中心建设的应收账款融资服务平台对接，发展线上应收账款融资等供应链金融模式。

2018年4月17日，商务部等8个部门发布了《关于开展供应链创新与应用试点的通知》，其中明确提出要推动供应链核心企业与商业银行、相关

企业等开展合作，创新供应链金融服务模式，发挥上海票据交易所、中征应收账款融资服务平台和动产融资统一登记公示系统等金融基础设施作用。在有效防范风险的基础上，积极稳妥地开展供应链金融业务，为资金进入实体经济提供安全通道，为符合条件的中小微企业提供成本相对较低、高效快捷的金融服务。

从上述政策内容来看，供应链金融已经成为国家疏解中小微企业融资难的有效解决方案。通过构建供应链金融生态系统，金融机构可以将中小微企业更好地集中起来，通过信息平台实现信息共享，降低信贷风险，而中小微企业则可以在这一新的生态系统中，更好地降低自身的融资成本。

二、供应链金融解决的问题二：银行等金融机构的业务创新

大型企业始终是商业银行竞相追逐的目标，商业银行必须要想方设法留住自己的大客户，这是毋庸置疑的。但近年来，随着资本市场的不断发展，越来越多的商业银行开始感到自己对大型企业的把控力在逐渐下降，高端客户的流失就像是一柄"达摩克利斯之剑"一样悬在它们的头上。

而在另一方面，除了无法掌控大型企业外，商业银行对介入日益壮大的中小微企业市场，也是寻不得门道。商业银行想要发放给中小微企业贷款，但又担心其中潜藏的信贷风险，这一问题，在很长一段时间都困扰着商业银行。

在信用销售方式出现之后，供应链中核心企业与上下游企业间的贸易结算多以赊销来进行，这就使得银行传统的贸易融资产品失去了用武之地。在这一过程中，银行除了处理一些双方的支票和汇款业务外，根本无法进入供应链之中，这让我国本就利润来源单一的商业银行的盈利能力大幅缩水。银行在融资市场中的份额不断下降，逼迫着银行绞尽脑汁地开展业务创新。

供应链金融的出现，正好解决了银行等金融机构的业务创新问题，或者说供应链金融的出现本就是银行金融机构的一项业务创新。既可以解决银行无法参与到供应链运行过程中的问题，又可以帮助银行进入潜力深厚的中小

微企业市场之中。相比于传统融资业务获得的利润，供应链金融为银行所带来的利润显然要更为丰厚。与此同时，银行还能让自己头顶上的"达摩克利斯之剑"离自己远一些，获得一种较客户关系更进一步的合作伙伴关系。

如果往前推10年或是20年，银行与企业之间大多是单纯的客户与商家的关系，但随着全球贸易的发展，现在的银行与企业之间更常为人所提及的则是战略合作伙伴关系。

在过去，银行只需要考虑以产品为中心的贸易融资策略，但在现在，银行想要进入供应链之中，就必须成为核心企业的战略合作伙伴，同时银行还要弄清楚自己能够为核心企业的供应链提供哪些价值，应该怎样将自己的服务贯穿到整个供应链之中。

供应链金融的出现为银行提供了一种新的业务发展模式，解决了银行利润获取和业务创新的瓶颈问题，但如何与核心企业合作，如何真正参与到供应链运作的整个环节之中，则还需要银行根据不同情况制定出不同的解决方案，而这也是银行间的核心竞争点所在。

三、供应链金融解决的问题三：核心企业的转型升级

前面提到过供应链中的核心企业会在交货、价格和账期等方面，对上下游企业提出较为严苛的要求，从而将资金压力转移到上下游企业身上。这种成本转移的做法虽然对核心企业一时有利，但从长远看却并不是什么好事，因为在这种供应链模式中，核心企业将上下游企业放在了自己的对立面上，双方只剩下共同竞争，而鲜有共同获利的情况。

由于中国中小微企业众多，核心企业并不会担心其上下游企业资金链断裂，影响整个供应链的运作，因为还有其他同类型的配套企业补充上来，这也正是核心企业主导供应链的"信心"所在。但从长远来看，这种竭泽而渔的做法不仅不利于供应链的稳定，同时也不利于核心企业生产规模的扩大。

在当前全球经济大环境下，企业与企业之间的竞争已经不再是"1vs1"的单挑，而是供应链与供应链之间的对抗。核心企业想要真正实现可持续发展，

就必须要依靠供应链的力量，这也是现阶段我国大型企业转型升级的一个重要方向。

帮助核心企业协调供应链成员间的信息流、物流和资金流；帮助中小企业解决融资问题；帮助银行等金融机构实现自身业务创新，获得更高利润，这正是当前供应链金融所能解决的问题。

当然，上述问题的有效解决有赖于一整套完整的供应链金融解决方案。关于这一方面的内容，我们将在后面的小节中进行详细论述。

第三节　供应链金融的参与者

供应链金融在中国已经有十多年的发展历史,到2018年,我国的供应链金融市场规模达到2万亿。虽然其规模还远不及应收账款和存货规模,但其已经逐渐受到越来越多市场主体的认可,在应用方面也变得越来越广泛。

供应链金融主要参与方

从广义层面上来讲,供应链金融是由供应链中特定金融组织者为供应链资金流管理提供的一整套完整的解决方案。其组织者既可以是特定的金融机构,也可以是供应链中的核心企业。

一般来说,供应链金融的参与者可以分为四个较大的类别:第一类是资金的需求者,即供应链上的中小微企业;第二类是资金的提供者,主要是以银行为代表的金融机构、核心企业及第三方支付机构；第三类是金融服务的支持者，其中包括物流公司、仓储公司、保理公司等；第四类则是供应链金融的监管者，主要是当前各级银监部门。

业界对供应链金融参与者的划分有多种不同的标准，上面提到的只是其中的一种。在传统的供应链金融模式中，核心企业和商业银行是主要的参与者和主导者。

从2018年的行业发展趋势来看，平安银行、光大银行、民生银行等十多家银行都纷纷发力供应链金融业务，一些中小银行也将其作为重要业务加以推进。除了银行等金融机构，海尔、小米、TCL等供应链中的核心企业，也都在供应链金融市场中开疆扩土。

在解决供应链金融相关问题时，美国的供应链金融市场是很值得我们研究的。美国的供应链金融市场发展到今天，大体经历了三个重要阶段。在前两个阶段中，银行等金融机构和核心企业处于供应链金融的核心，而在第三个阶段中，美国供应链金融的市场主体则呈现出一种"百家争鸣"的状态。

在第一阶段，由于美国的金融监管相对宽松，以银行为代表的金融机构开始纷纷向传统产业渗透。在这种形势下，产业链中的企业开始逐渐向这些银行等金融机构靠拢，以此来获得融资。这可以看作是早期的供应链金融模式，商业银行所做的更多是为产业链中各个企业提供资金支持，而并没有从整体上去把控整个产业链。

到了第二阶段，随着美国金融监管逐渐趋紧，银行等金融机构开始难以继续向产业链中渗透。与此同时，在产业链中，具备强大实力的核心企业开始成为供应链金融的核心，这些企业开始成立金融部门，帮助产业链中的中小微企业解决融资问题。相比以银行为主导的供应链金融模式，核心企业因为具有信用优势和信息优势，所以以其为主导的供应链金融模式运作效率会更高。

第三阶段是进入21世纪后，以核心企业为主导的供应链金融模式发展到成熟阶段，考虑到资金问题和安全风险，核心企业开始逐渐收缩与自己主业不相关的金融业务。由此，美国的供应链金融发展开始进入"百家争鸣"的状态之中，越来越多的供应链金融参与者开始崭露头角，推出以自身为核心的供应链金融服务，这成为当前供应链金融市场中的一种主流趋势。

从中国当前供应链金融的市场格局来看，其参与者主要有银行、供应链核心企业、大型电商平台、供应链服务公司、物流公司、金融科技公司等机构。

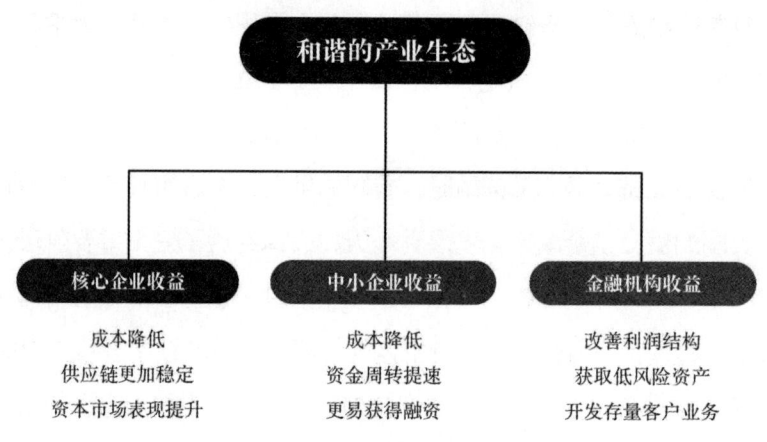

中国当前供应链金融市场格局

从当前的供应链金融市场来看，商业银行、核心企业和大型电商平台的份额基本上是遥遥领先的。下面我们就来详细介绍一下这三个主要的供应链市场的参与者。

一、商业银行：供应链金融的先驱

商业银行可以说是我国供应链金融市场的先驱，早在 1999 年，深圳发展银行（现平安银行）就已经开始涉足供应链金融领域。到了 2005 年，该行正式提出供应链金融，同时开始与核心企业和物流公司合作，共同开展供应链金融服务。到现在，大多数商业银行都已经开始涉足供应链金融业务。

由于供应链融资的每笔金额都普遍较高，其他供应链参与者受到资金限制，所以在很长一段时间，供应链金融产品的提供者都主要是商业银行。但由于商业银行并不完全具备存货价值度量监控、综合风险定价和核心企业配合度这三项业务能力，所以其在提供供应链金融产品时会存在或多或少的问题。

可以说，商业银行在供应链金融领域是具有天生的短板的，但与其他供应链金融参与者相比，充足的资金供给又是其绝对优势所在。因此，在以商业银行为核心的供应链金融模式中，如何处理好商业银行与核心企业的关系，如何掌控好整个供应链各个节点，成为商业银行做供应链金融业务成败的关键所在。

二、核心企业：供应链金融的内核

由于具体行业不同，行业的核心环节会有所不同，所以核心企业也会有所不同。一般来说，像钢铁、石油、化工和煤炭等行业，会以成本为核心供应链，在供应链中，核心企业多为生产商。像汽配、鲜花、食材等行业，速度则是核心供应链，因此，核心企业多为分销商。而服装、家居、互联网等行业，主要以需求为核心供应链，所以，核心企业多为零售商。

高信用是核心企业的重要优势，这不仅意味着其可以更好地从金融机构获得廉价资金，同时也意味着其可以通过有效的征信系统和完善的风险防范措施，来为供应链上下游企业提供融资服务。与银行等金融机构相比，核心企业在综合风险定价和存货价值度量监控等业务能力上都要更胜一筹。

核心企业开展供应链金融，通过为上下游企业提供融资服务，一方面可以缓解自身应付账款的压力，改善资金流，对于上市企业来说，还可以改善财务报表的情况。另一方面，经销商通过融资扩大订单规模，核心企业也可以借此来增加预收账款，扩大自己的销售规模。这对于核心企业开拓市场、提升市场竞争力都是很有帮助的。

总体来说，核心企业开展供应链金融，可以确保自身所处的整个供应链的稳定，不会出现频繁更换上下游配套企业的情况，降低了供应链运营风险。通过为供应链中其他企业提供融资服务,核心企业可以与上下游企业间形成一种"强关系",进而提高自己在谈判中的议价能力。

三、电商平台:供应链金融的新势力

在政策支持、技术驱动和产业变革的新形势下,供应链金融成为各路资本竞相追逐的目标。作为一个潜力巨大的市场,供应链已经成为一个新的风口,除了银行和核心企业依然在创新探索,大型电商平台也开始大举进入其中。

2018年4月13日,腾讯发布了国内首部《智慧金融白皮书》,同时对外正式公布了"腾讯区块链+供应链金融解决方案"。该供应链金融解决方案主要利用腾讯的区块链技术和运营资源,通过连接核心企业资产端及金融机构资金端,从而帮助企业提高资金的利用效率和流动性,降低小微企业的社会融资成本,支持实体经济的发展。

以区块链技术为供应链金融提供解决方案,从而进军供应链金融领域的尝试,并非只有腾讯一家。

早在2017年,阿里巴巴旗下的蚂蚁金服就曾尝试通过"一物一码",来实时掌握商品流转的真实信息。阿里巴巴希望以此来切入供应链金融赛道,重新塑造供应链的产供销体系。

在提高供应链产品透明度方面,京东则选择与沃尔玛、IBM和清华大学电子商务交易技术国家工程实验室合作,共同成立中国安全食品区块链溯源联盟。

从具体产品来看,针对不同的应用场景和客户需求,京东、阿里、苏宁都在各自的企业采购业务中推出了相应的供应链金融产品。其中,比较典型的主要有京东的企业金采KA/SMB、阿里巴巴的诚e赊/信任付和苏宁的小B采购贷等。

从当前市场形势来看,供应链金融市场的竞争格局已经发生了较大改变,越来越多新的参与者开始加入战局。后来者的加入不仅让供应链金融市

场的竞争更为激烈，同时也促使传统的供应链金融参与者继续创新自己的供应链金融解决方案。在日趋激烈的市场竞争中，优胜劣汰的惨烈景象必然会出现，中国的供应链金融市场也将更快地走向成熟。

第四节　供应链金融的发展趋势

中国人民银行印发的《金融科技（FinTech）发展规划（2019—2021年）》（下称《发展规划》）明确提出，到2020年，要建立健全我国金融科技发展的"四梁八柱"，进一步增强金融业科技应用能力，实现金融与科技深度融合、协调发展，明显增强人民群众对数字化、网络化、智能化金融产品和服务的满意度，使我国金融科技发展居于国际领先水平。

在具体内容上，《发展规划》指出要优化企业信贷融资服务，通过跨界融合、搭建供应链金融服务平台、建立产业链生态等，为供应链上下游企业提供高效便捷的融资渠道，解决供应链资金配置失衡等问题，合理引导金融资源配置到经济社会发展的关键领域和薄弱环节。

供应链金融所能实现的，正是上面提到的这一内容。当然，供应链金融所能做到的也并非只有这一点。

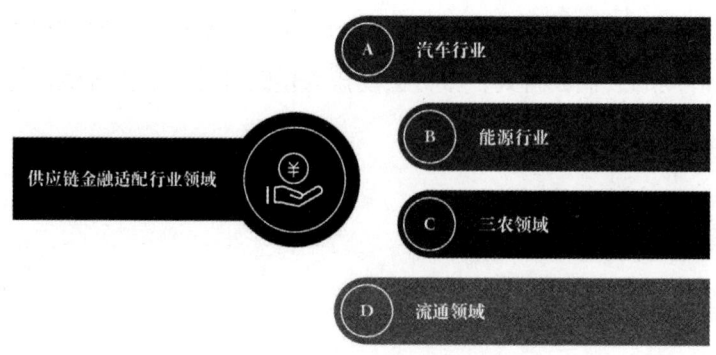

适合做供应链金融的行业

第一章 供应链金融

在前面的小节中，我们提到了美国供应链金融的发展历程，在介绍供应链金融未来的发展趋势之前，我们先来了解一下我国供应链金融的发展历程。

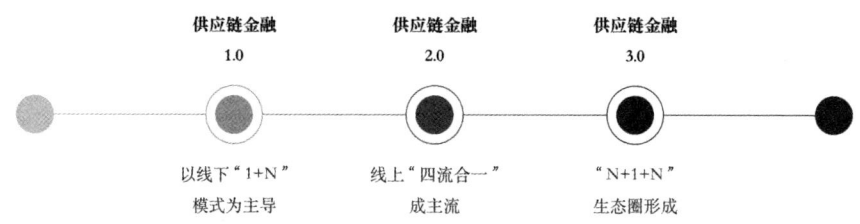

供应链金融发展的三个阶段

到目前为止，我国供应链金融的发展大致经历了三个重要阶段。

一、供应链金融 1.0 阶段

我国供应链金融初始于 1999 年，深圳发展银行（现平安银行）在经过多年的探索尝试后，于 2005 年正式提出了供应链金融这一概念。在深圳发展银行的供应链金融模式获得成功后，一大批银行金融机构开始进入供应链金融领域，诸如招商银行、兴业银行和中国民生银行等都推出了各具特色的供应链金融产品。

由于这一时期我国的互联网行业还没有起步，银行主要是根据供应链中核心企业的信用，给予核心企业相关联的上下游企业提供融资授信支持。经历过那一时期的人们会看到，银行会安排大量的风控人员把控供应链交易的真实情况。但即使如此，银行依然无法对库存数量的真实性进行准确衡量，同时也很难去核实重复抵押的行为。

总体而言，由于整个供应链的交易流程都发生在线下，信息不对等的情况十分常见，这就在无形中增加了这一模式的操作风险。很显然，这一模式并不是长久之计。

二、供应链金融 2.0 阶段

随着互联网行业的发展，供应链金融也逐渐进入了 2.0 时代。通过互联网平台，供应链中的物流、商流、信息流和资金流都开始转移到线上，这样不仅增强了信息传递的实时性，同时还能降低信息在传递过程中的折损。

在这一阶段，核心企业与银行通力合作，在数据上充分对接，这样一来银行便可以随时获取核心企业及其上下游企业仓储和贸易的真实信息，弥补了自身在业务能力上的短板。一方面，通过借助互联网技术，金融机构可以更快、更高效地获得信息，从而提升自身的放贷速度，使得供应链金融运作效率显著提高。另一方面，由于信息的及时传递，当出现相应的风险时，金融机构也可以通过已经建立起的实时预警体系，及时规避风险。

当然，严格来说，从整个供应链的数据信息来考虑，银行只是对接了核心企业的数据信息，而对供应链上其他中小企业的数据信息掌控依然不足，这也是这一阶段其他资金方入场参与供应链金融的一个契机。

在 2.0 阶段中，银行不再是唯一的资金提供方，物流企业、互联网企业、电商平台也开始以资金提供方的角色入场竞争。当银行不再是供应链金融产品提供的绝对主体，电商平台、核心企业和物流企业开始纷纷利用自身的客户资源优势、信息资源优势和交易资源优势向供应链金融产品提供者转型。可以想见，此后的供应链金融市场将会呈现出多元化的特征。

三、供应链金融 3.0 阶段

随着互联网金融的出现和发展，供应链金融也逐渐进入 3.0 阶段。这一阶段摆脱了以往以融资为核心的供应链金融结构，核心企业在供应链中的核心地位也随之发生改变，取而代之的是供应链服务平台。无论是从政策层面，还是从市场实践层面，供应链金融朝着平台化方向发展已经成为一个重要趋势。

互联网行业在构筑平台时，多喜欢用"生态"这个概念，现在供应链金融领域中，也开始流行去搭建一个"生态系统"。应该由谁来搭建这个"生态系统"呢？商业银行可以，核心企业可以，电商平台也可以，供应链金融的每一个参与者都可以。当然，理论上可以这么说，但在实际操作中，这种系统而庞杂的工作，对执行者的要求还是非常高的。

商业银行在努力做这方面的工作，但因为业务能力上的欠缺，它必须引入物流企业、核心企业和信息服务商一起来做这件事情。事实上，从当前我国供应链金融市场现状来看，虽然大家都在试图通过自己的优势来构建整个供应链上的服务平台，但从具体效果来看，还是市场参与者多方深度合作的效率会更高一些。

单从核心业务能力上来看，供应链上的核心企业、电商平台和物流企业具有商业银行所无可企及的优势。而从资金供给方面来看，商业银行又具有其他资金提供方所不具备的资金规模和成本优势。在这种情况下，供应链金融市场的参与者们与其紧握着自己的核心优势"闭门造车"，不如充分发挥各自优势，强强联合，共同分享供应链金融市场这块大蛋糕。

从现阶段供应链金融的发展来看，商业银行将会有更大意愿与其他类别的市场参与者展开合作。但在如何开展合作，怎样进行风险测定，如何确保双方的信任机制方面，合作双方都需要认真考量，一些细节问题还需要进一步探讨实践才能得出结论。

发展到3.0阶段并不是供应链金融的终结，在"互联网+"浪潮的推动下，人工智能、大数据分析、云计算和物联网等技术将继续赋能供应链金融。随着越来越多市场主体的加入，在激烈竞争比拼创新的同时，合作共赢将成为供应链金融发展的必然趋势，企业与行业、企业与政府、企业与企业、企业与银行的深度合作，将会为供应链金融带来新的改变与进步。

第二章　供应链金融模式分析

第一节　以商业银行为中心的 1+N 模式

供应链金融作为商业银行针对供应链上核心企业和上下游中小企业提供整体授信的一种解决方案，在解决中小企业融资困难、风险承受能力低等问题上，发挥了重要作用。

商业银行将供应链作为一个整体对象，将供应链条上的各个节点串联，通过为供应链中较为弱势的企业提供资金支持，来维持整个供应链顺畅运行。

最早的供应链金融业务模式是深圳发展银行（现平安银行）在 2003 年所提出的"1+N"模式，这一业务模式系统地对供应链中应收、预付和存货提出了结构性的解决方案。在深圳发展银行之后，中国工商银行、中国农业银行、中国建设银行等国有银行，以及中信银行、民生银行、招商银行等股份制商业银行都纷纷推出了自己的供应链金融产品。

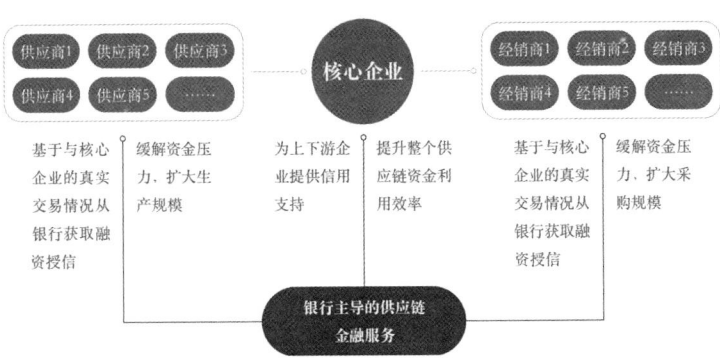

供应链金融 1.0 模式：线下"1+N"模式

在前面的小节中，我们介绍了供应链金融的发展历程，上述这种"1+N"模式的供应链金融业务，正是供应链金融1.0阶段的主要业务模式。下面我们主要以深圳发展银行的"1+N"供应链金融产品为例，详细介绍一下以商业银行为中心的供应链金融模式。

在正式推出"1+N"供应链金融业务模式之前，深圳发展银行在供应链金融领域便进行了诸多探索和尝试。

在20世纪90年代末，深圳发展银行开始在一些地区的票据贴现业务中，以票据买入的概念来替代传统的贴现贷款。这种方式不仅提高了整个操作流程的效率，而且提升了业务的市场竞争力。

此后，深圳发展银行又推出了动产及货权质押授信产品，这一业务产品可以让企业在确保存货流动性的前提下，随时赎取部分抵押或质押的货物进行销售。这种创新产品的推出，可以有效解决中小企业融资难的问题。

2003年，在总结经验的基础上，深圳发展银行推出了"自偿性贸易融资"的理念。这一理念融合了"商品融资"和"贸易融资"两个概念，既不片面强调授信主体的财务特征和行业地位，也不单纯依靠对授信主体的孤立评价来做出信贷判断，而是注重在真实贸易的背景下，对风险控制和企业违约成本进行综合评估。其可以为供应链上每一个节点企业提供相应的解决方案。

在这种"自偿性贸易融资"理念的基础上，深圳发展银行总结相关经验，在行业内率先提出了"1+N"的供应链金融模式。其主要是利用供应链中各个节点企业相互联结形成的网状结构，把核心企业的信用引入到对其上下游企业的授信服务之中，由此为供应链成员解决融资问题。为了更好地开展这一新的供应链金融模式，深圳发展银行还出台了一系列的管理办法和章程规定。

随着"1+N"业务模式实践的开展，深圳发展银行开始考虑为全供应链企业提供完善的综合金融解决方案，由此，深圳发展银行开始正式确立了发展供应链金融服务体系的规划。此后，深圳发展银行在总行设立了保理中心，推出了"池融资"品牌，建立了分行级集约操作平台。通过一系列改革和创新，深圳发展银行基本建立起完整的供应链金融服务体系，其在业务方面的专业水平、服务规范和创新能力都达到了行业内领先水平。

在深圳发展银行之后，广东发展银行推出了"民营100"金融服务平台，上海浦东银行提出了"供应链融资"的整体服务解决方案，兴业银行推出了"金芝麻"供应链金融服务产品。这一系列由商业银行主导的供应链金融产品，从具体模式上来看，都可以算入"1+N"模式之中。

所谓"1+N"模式，就是在供应链金融服务体系中，围绕"1"个核心企业的信用实力，为其供应链中上下游的"N"个企业提供融资服务的一种融资模式。在这种"1+N"模式中，银行将会根据供应链成员的不同情况，为各成员提供各自专属的供应链金融解决方案。

对于核心企业来说，其整体实力普遍较强。由于掌握着供应链中的大量资源和信息，其在运营发展方面风险较小，对银行的依赖并没有那么强烈。相反，各个银行都将核心企业视为主要争夺目标，这就使得核心企业在融资市场上，成为主导者，其可以对融资规模、融资成本和融资效率有自己的独特要求，只有满足这些要求的银行才会成为对方选择的目标。因此，针对核心企业的供应链融资产品一般是短期优惠利率贷款、企业信用贷款和票据业务。

对于供应链上游的供应商来说，由于其与核心企业的贸易往来多以赊销方式进行，所以其供应链金融的融资解决方案一般以应收账款为主，同时还会配合票据贴现和订单融资等产品一同使用。

对于供应链下游的承销商来说，因为其在与核心企业进行交易时，主要采用先付款再收货或预付款赊销的方式，所以其供应链金融的融资解决方案一般为预付账款融资模式，有时还会使用短期流动资金贷款加以补充。

相比于传统的金融机构放贷模式，以商业银行为中心的"1+N"模式通过与核心企业合作的方式，帮助商业银行进入到供应链运作之中。通过供应链运作过程中的真实交易信息，商业银行可以为供应链中各成员提供具体的供应链金融。

在这种模式下，银行可以跳脱出单个企业的局限，从而为整个供应链上的企业提供综合授信。其既可以提升中小企业的信用，帮助其更轻松地获得融资，也可以帮助整个供应链共同发展，提高供应链的竞争能力。当然，对于银行来说，这也是一种增强自身盈利能力和竞争实力的重要业务创新。

但从现阶段来看，这种"1+N"模式的缺陷也是较为明显的。对于商业银行来说，整个模式中的最大难点就集中在这个"1"上。

由于整个供应链上的重要数据始终掌握在核心企业手中，商业银行在筛选出不同供应链的核心企业之后，还要想尽办法让核心企业配合自己开展业务。

即使核心企业愿意配合开展业务，商业银行还要努力将供应链中的重要核心数据进行统一和归集，这个过程是复杂且困难的。做不好这一步，商业银行就无法准确评估供应链上中小企业的融资需求和信用风险。

为了克服"1+N"模式存在的诸多问题，银行等金融机构在近年来大力开展业务创新，推出了诸如"N+N+1"模式、"1+M+N"模式等新的供应链金融模式。平安银行（原深圳发展银行）的应对措施则是推出了"橙e网"供应链金融模式。

"橙e网"是一个基于互联网的综合金融服务平台，其可以为客户提供便捷的电商服务和在线企业资源管理，同时也能为客户提供交易支付、融资和财富管理等多种金融服务。更为重要的是，这种供应链金融模式摆脱了以核心企业为依托的授信模式，将"1"转变为信息服务平台，充分展现了供应链金融的"去中心化"理念。

平安银行通过与金蝶软件合作，通过"橙e网"为中小企业免费提供便利的云ERP系统，中小企业可以使用这一系统对自身交易全流程的进销存情况进行管理。在便利中小企业的同时，平安银行也可以借此获得全面真实的中小企业生产经营数据，这样就解决了中小企业与银行之间信息不对称的问题，为授信评审提供了有力保障。

不只是平安银行，中国建设银行和中国民生银行也都推出了同类型的供应链金融服务平台。这正是我们在前面讲到的，当前，供应链金融已经进入3.0阶段，呈现出了向平台化方向发展的特征。随着人工智能和数据分析等技术的发展，供应链金融还会继续发展。到时，银行就需要继续创新自己的业务模式，来维持、抢占更多的市场份额。

第二节 以核心企业为中心的链条模式

在产业供应链中,相比于中小企业,核心企业明显居于主导的优势地位。在当前宏观经济大背景下,许多行业核心企业的盈利能力都出现了或多或少的下降,核心企业只有找到新的方向和突破口,完成产业转型升级,才能遏制住这种盈利下滑的趋势。

在这种现实情况下,供应链金融成为核心企业突破再升级的必要手段。很多重资产行业企业都依托于自身对产业供应链上下游较强的掌控力,推出了以自身企业为主导的供应链金融模式。

前面我们曾提到,相比于银行等金融机构,核心企业拥有较为强大的实力,并对自身所处行业有较为深入的了解。核心企业掌握着整个供应链的信

供应链金融业务示意图

息和行情,并对与其配套的上下游企业的优势和竞争力都有充分把握。鉴于此,核心企业可以通过与银行展开合作,获得银行的资金支持,整合整个产业供应链全链条上的商流、物流、资金流和信息流,推出各种不同的融资产品,满足供应链上下游企业的真实需求。这种供应链金融模式,就是以核心企业为中心的链条模式。

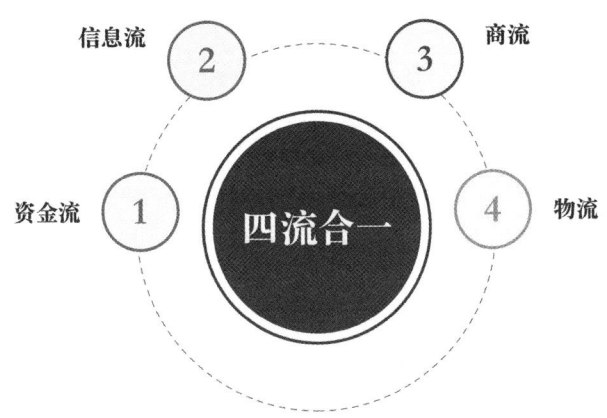

资金流、信息流、商流、物流四合一的金融生态圈

核心企业开展供应链金融业务,一方面可以解决供应链中上下游中小企业融资难的问题,降低供应链运作风险,提高核心企业的市场竞争力;另一方面还可以帮助核心企业发展金融业务,寻找企业新的经济增长点,实现产业的转型升级。

当前,已经有许多传统产业巨头入局供应链金融,中石化、海尔、蒙牛、TCL、美的等各个行业中的核心企业,纷纷推出了围绕自身的供应链金融产品。下面以中石化供应链金融业务为例,简要进行论述。

中国石化是我国最大的成品油和石化产品供应商,其无论在公司规模,还是在资金实力上,都具有较大优势,可以说是我国石化领域当之无愧的核心企业。由于业务众多,中石化与上下游企业间往来众多,资金流动更是极为频繁。为了充分发挥自身优势,维护供应链的问题,更好地开展日常业务,同时也为帮助上下游中小企业解决融资问题,中石化在2015年上线了易派客工业品电商平台。

在工业品电商业务外,易派客平台以供应链核心企业的需求为基础,推出了在各个链条上与关联企业的供应链金融服务。在众多供应链金融服务中,易派客特别为关联的中小微企业提供融资服务,着力解决其"融资难、融资贵"的问题。

作为易派客平台的重要业务之一,供应链金融旨在扶持关联方企业发展,降低企业的融资成本,提高企业融资效率。依托中石化集团强大的信用能力和支付能力,以及完善的物资采购管理和信息系统,上下游中小企业可以顺利通过中石化的增信支持向银行申请融资。

在具体的金融业务产品上,易派客平台提供的供应链金融产品主要有商业保理和订单融资两种。有需求的相关中小企业可以在线上直接进行申请,在通过审核后便可以迅速获得融资。

一、商业保理业务

在商业保理业务方面,针对中石化的采购业务,供应商在向中石化企业交货,并且货品验收合格后,如果供应商需要进行融资,便可向易派客商业保理公司提出申请。在接到申请并审核相关信息后,易派客商业保理公司将会为供应商提供有追索权的保理融资服务,具体的融资比例一般会在应收账款的70%~80%。

易派客平台的商业保理业务可以全程在线操作,供应商可以灵活选择融资期限,在融资利率方面也会获得一定的优惠,同时此融资还不会占用金融机构的授信额度。具体流程主要包括:

1. 供应商向采购商提交货物,并从采购商处获得验收单等票据。
2. 供应商在提交保理业务申请的同时,根据要求提供其他相关材料。
3. 供应商开通回款专用账户。
4. 易派客商业保理公司对供应商提供的相关资料进行审核。

5. 采购商确认验收单等相关资料与实际收到的货物是否相符。

6. 供应商通知采购商变更回款专用账户，同时要经过商业保理公司确认。

7. 供应商与易派客商业保理公司就具体保理内容签订保理合同。

8. 在合同签订后，易派客商业保理公司向供应商发放保理融资款。

9. 供应商在收到采购商付款后，需要归还保理融资款及相关使用费用。

二、订单融资业务

除了商业保理业务，易派客平台还通过与银行展开合作，为供应商提供订单融资业务。当供应商向银行申请融资时，易派客平台以向银行提供数据的方式，据实反映供应商与中石化之间的真实贸易情况。基于此，供应商便可以在中石化的增信支持下，获得较高的银行审核效率和授信额度。

在申办订单融资前，供应商需要在易派客平台进行注册并通过身份认证。具体的申办流程主要包括：提交授信申请、提交申请批复、银行放款和查询放款信息。其中，供应商可以在易派客平台上进行取消授信申请操作，同时也可以进行调整授信额度操作。

从上述介绍可以看出，易派客供应链金融业务的主要对象是供应商，主要是为供应商提供商业保理和订单融资业务。在商业保理业务中，主要以双方签订的产品合同为基础，如果到期后采购方没有付款，保理公司则有权进行追索。而在订单融资业务中，易派客平台更像是一座桥梁，将供应商与各大银行机构串联在一起，以自身的信用能力为关联的供应商提供增信支持，从而帮助供应商更好地获得继续发展的资金支持。

在以核心企业为中心的供应链金融模式中，核心企业大多发挥着"桥梁"的作用，通过其自身的辐射和连接作用，将中小供应商与银行等金融机构连接起来，在为银行等金融机构甄别真实贸易信息的同时，也帮助中小企业解决了"融资难、融资贵"的问题。

第三节　以物流企业为中心的支持模式

在整个供应链系统中，供应链金融服务可以由不同的参与者来主导完成。除了前面提到的由商业银行和核心企业主导的供应链金融模式，物流企业凭借其在供应链中起到的作用，也深入参与到供应链金融的运作之中。

作为供应链线下闭环中的重要节点，物流企业尤其是大型物流企业对整个供应链的平稳运作起着至关重要的作用。

大型物流企业可以对供应链中的物流、信息流、资金流进行深度把控，通过与终端客户深度接触，充分掌控整条供应链的运作情况。大型物流企业还可以了解和掌控接受其物流服务企业的经营状况，同时在以存货抵押为主要形式的供应链金融中占有绝对的优势。

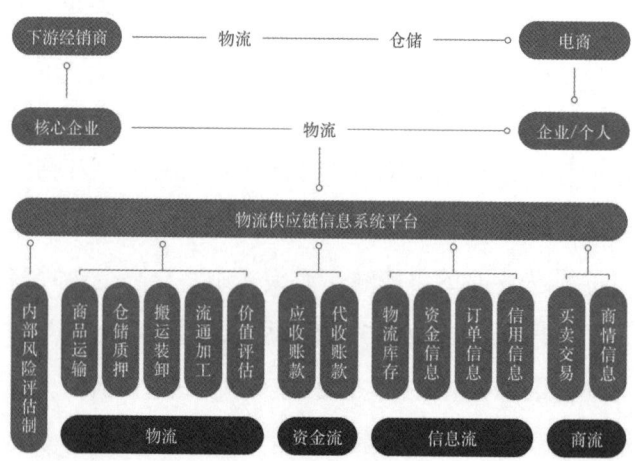

物流供应链信息系统平台

在由物流企业所主导的供应链金融模式中，物流公司通过商业银行获得资金支持，随后通过其下属的商业保理公司、融资租赁公司等为其上下游企业提供供应链金融服务。如此，在整个供应链运作中，物流企业不仅可以获得原有的物流服务收入，还可以通过与银行展开存货融资和应收账款融资等金融业务，获得可观的金融服务收益。

很显然，物流企业做供应链金融的优势是非常明显的，但这种先天优势并不意味着哪个物流企业都可以入场供应链金融。近年来，随着电子商务行业的发展，我国物流网络也得到有效完善，一批物流企业由小做大，形成了一定规模。但从整体市场形势来看，真正具有强大资源整合能力和资金实力的物流企业还并不多。

另外，由于供应链金融对参与者的资信实力要求较高，对于那些并没有建立起完善配送网络的物流公司，商业银行由于难以对实物进行实时监管，所以在对其进行授信时往往会比较谨慎。因此，没有一定规模和实力的物流企业，想要真正进入供应链金融赛道并成为其中的主导者，还是比较困难的。

在世界范围内，物流企业牵头做供应链金融业务，最为成功的是美国的UPS快递公司。作为全球著名的单方物流企业，其主要业务包括国内快递、国外快递和供应链货运三大类。下面简单介绍一下UPS快递公司的供应链金融之道。

1986年以后，UPS公司的货物流开始迅速扩张，其信息技术水平承受了极大压力。在这种形势下，UPS公司投入了47亿美元来对信息技术进行改造和创新，其中既包括基本的手持设备信息传递、包裹快递设备的专业化，同时也包括其全球计算机联网系统和专用卫星的建设。

在技术革新的基础上，UPS公司很好地掌控了供应链中的货物流和信息流。随着货物流和信息流的不断成熟，UPS公司开始在传统的物流业务外，寻找新业务的利润增长点。由此，UPS公司开始集中资源，逐渐加码供应链金融领域。

在1999年到2003年这四年中，UPS公司先后完成了企业的并购重组，同时还成功收购了美国第一国际银行，并将其变更为UPS资本商业信贷。作为UPS资本公司的重要组成部分，UPS资本商业信贷成为UPS供应链金融解决方案的重要提供者。

UPS资本商业信贷主要通过两种方式为中小企业提供供应链金融服务，一种是将企业自有资金借给供应链中有需要的中小企业；另一种则是通过与当地银行合作，让渡金融收益，自己享受物流增值收益。

由于背靠全球最大的物流公司，UPS资本商业信贷的融资成本要比其他企业都低，在这种形势下，其通过供应链金融所获得的利差就会非常丰厚。如果不是融资政策的限制，UPS资本商业信贷多会采取第一种方式为其他企业提供融资服务，这样通常能够保证UPS自身获得最大利差收益。但即使受到融资政策限制，不得不选择第二种方式，让渡金融收益，UPS资本商业信贷的供应链金融业务依然可以助力母公司UPS的发展，丰富UPS公司的业务。

UPS公司并没有将目光集中在单纯的融资服务利差收益上，通过将供应链金融服务与传统物流业务相结合，利用金融服务获取货运权，UPS公司开拓出了成熟系统的业务链条。

在与沃尔玛的合作中，UPS先是与沃尔玛和其他供应商签订物流协议，为双方提供物流服务。同时，在具体交易中，UPS还通过帮购买方提供垫资服务，来换取商品的货运权。这对于大多数与沃尔玛合作的中小供应商来说无疑是一件好事，可以有效避免自身陷入流动性压力之中。

UPS的这一做法不仅对供应商们有利，对自身也是大有益处。由于将商品货运权掌握在自己手中，UPS公司基本避免了违约问题的出现。

这一合作的最终结果就是，沃尔玛降低了自身的交易成本，供应商减少了自身的流动压力，而UPS公司除了获得物流服务和金融服务双收益，还扩大了自身的市场份额。

从上述 UPS 公司的供应链金融模式中可以看出，以物流企业为主导的供应链金融模式，其所指向的并不仅仅是开拓新业务，获取金融服务的收益。物流企业做供应链金融应该将关注点更多地放在完善供应链结构、扩展自身业务、获取经济效益三个方面，只有从这些方面出发而构建起来的供应链金融模式，才是适合物流企业去做的供应链金融模式。

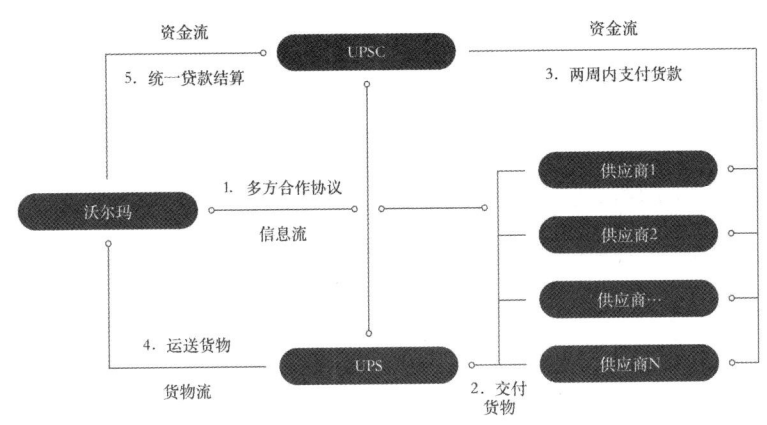

UPS 公司的供应链金融模式

需要讲清楚的是，UPS 公司做供应链金融能够成功，有其独到的先天优势，它是做物流起家的，而且其物流实力非常强大，可以充分确保物流、资金流和信息流的统一，这是其成功的重要原因。放眼国内物流企业，做供应链金融能够获得像 UPS 一样成功的，还没有出现。但随着国内近年来物流行业的飞速发展，许多物流领域的龙头企业纷纷开始布局供应链金融业务，顺丰就是其中的佼佼者。

从具体时间来看，顺丰入局供应链金融并不算早。顺丰最早的供应链金融服务可以追溯到 2013—2014 年，这一时期也是顺丰从单纯做速运业务，转向做综合服务业务的一年。顺丰早期在交易数据、物流信息、系统对接和流程监控等方面的投入，为其发展供应链金融业务打下了良好的基础。

经过几年的发展，当前顺丰的供应链金融产品主要有订单融资、应收账款保理融资、仓储质押和信用贷款四种。

其中，订单融资主要提供给与顺丰具有多年深度合作关系的供应链成员。顺丰在为其提供采购资金的同时，也同时会代理货物从原料到成品销售各个环节的仓储、运输和配送工作。这一点与UPS公司的供应链金融服务颇为类似。

对于顺丰来说，开展供应链金融服务的难点在于供应链金融产品的风险控制，这不仅是顺丰需要面对的困难，同时也是所有开展供应链金融业务的物流企业都要面对的难点。

物流企业在设计供应链金融产品和管理供应链金融服务时，都应该充分考虑"四流"（物流、信息流、资金流、商流）的统一，同时针对不同的融资模式要有不同的风控策略。关于风险控制方面的内容，我们在后续会详细论述，这里便不做展开论述。

第四节　以电商平台为中心的蛛网模式

近年来，电商行业的野蛮生长，对许多传统行业造成了不小的冲击。在众多传统行业中，零售业成为受影响最大的行业。但随着电商巨头的入局，零售行业也迸发出了新的活力。

为了更好地抢占零售市场，各大电商平台也纷纷入局供应链金融领域。与以商业银行为主导的供应链金融相比较，以电子商务平台为主导的供应链金融业务的整体流程要更简化，运作效率也要更高一些。

真实的交易数据是电子商务平台开展供应链金融服务的核心所在，电商企业可以利用平台上的交易流水记录进行风险评测，从而在确认授信额度后，再为供应链上下游中小企业发放贷款。

这种供应链金融模式，一方面可以为电商平台开拓金融业务，赚取供应链上下游企业的金融收益，促进整个供应链的健康发展；另一方面则可以让电商平台更好地掌控上下游企业，加深对上下游企业的了解，降低供应链运作中的潜在风险。

当前，阿里巴巴、京东和苏宁等电子商务巨头都已经开展了供应链金融业务，这既是增加用户黏性的重要举措，也是打造场景化金融的必然要求。

像阿里巴巴、京东和苏宁这样的大型电商企业做供应链金融，都有其独到的优势所在。

首先，这些电商平台在多年发展过程中，积累了数量可观的真实历史交易数据。通过这些数据，平台就可以更好地评估供应链上下游企业的真正水平和盈利能力，从而对这些企业进行筛选。

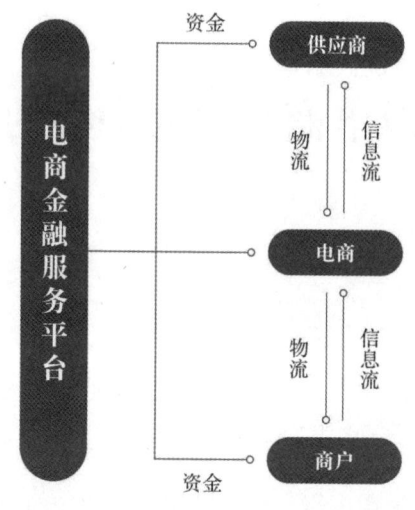

电商金融服务平台

电商平台的供应链并不是一条从头到尾的链条，而是一种类似于蛛网结构的密集网络。电商平台在这一网络中居于中心地位，而与之相关联的企业有规模较大的，也有为数很多的中小企业。

首先，我国大多数中小企业的经营历史较短，缺乏足够的可供参考的数据，中小企业之所以会遇到融资难问题，其核心正是这种信息不对称问题。但在电商平台居于核心的供应链网络中，中小企业海量的真实交易信息都会沉淀在电商平台之中，由此电商平台便可以筛选出其中经营状况良好的企业，以满足其融资的需求。这样可以显著降低客户筛选成本和融资风险。

其次，这些电商平台可以通过整合仓储物流服务，从而对质押物进行全程掌控。这样一旦发现商户出现违约行为，电商平台便可以迅速冻结质押物，避免可能出现的损失。

最后，电商平台中的支付结算大多通过第三方支付来完成，这便确保了贷款资金流向和交易行为相一致，这些电商平台可以通过第三方支付平台实现对交易金的优先受偿，从而对融资企业的存货融资资金进行有效监管。

从上面的总结来看，我们可以发现，电商平台做供应链金融与物流企业做供应链金融相类似，其主要都是在掌握全供应链信息后，掌控整个供应链金融交易的风险。电商平台也是在"四流合一"的基础上去开展供应链金融业务的。

早期的电商平台做供应链金融，主要是利用账期，依靠贷款利息获利。较为典型的就是京东金融在2013年底推出的"京保贝"3分钟融资到账业务。其就是将京东账户上的资金提供给需要贷款的商家，待到约定期限后，商家需要连本带息地归还贷款，京东则从中赚取贷款利息。

简单来说，如果京东从供应商那里进了1000万元的货物，双方约定账期是70天，但京东只用20天就将货物卖了出去。这时候，剩下的50天时间里，这1000万元的货款就会留在京东的账户中，等到第70天时，京东再将这1000万元货款交给供应商。

那么这70天里，这1000万元趴在京东账户中的货款可以用来做什么呢？答案就是上面提到的贷款给商家。这就相当于一种左手倒右手，赚取利息差价的操作。不仅是京东，大多数大型电商平台，在做供应链金融之初，都会使用这种业务模式。

这看上去确实是一种一本万利的金融业务模式，但其最大的限制在于只能在电商企业自身平台上使用，对其他企业鲜有借鉴意义。此外，随着供应链金融的发展越来越成熟，电商平台也不能单纯依靠这种金融业务来获取收益，必须要想办法开拓新的金融业务模式才行。

对于大多数供应商来说，账期问题是不得不面对的现实。账期越长，自身的资金周转就越困难。基于此，一些供应商只得舍弃线下销售，专做线上电商平台的销售，因为相比于线下商场，电商平台的账期要相对更短一些。

鉴于这一问题，为了进一步抢占零售市场，许多电商平台都努力通过供应链金融业务来为供应商缩短账期，解决资金周转的难题。在这一方面，相比于阿里巴巴成立小额信贷公司独立运作，京东采取了与银行合作的方式，通过自身信用和应收账款作为抵押，来帮助供应商获得银行贷款。

根据对象的不同，京东推出了不同的供应链金融产品。

针对中小微企业，京东推出了"京小贷"和"京东快银"两种供应链金融产品。"京小贷"主要解决中小供应商的资金问题，其资金主要来源于小额贷款公司和京东自由资金。京东金融可以根据中小供应商在京东平台上产生的真实交易数据，在不需要抵押物的情况下，为中小供应商提供中短期授信。

"京东快银"的对象同样是中小微企业，其贷款利率根据企业综合信用评价浮动，企业信用评价越高，贷款利率就越低。在获得贷款企业授权后，京东快银可以通过企业纳税信息、工商司法信息等多种信息，利用大数据分析和人工智能算法等技术充分进行风险评估。在完成信息分析后，中小微企业便能够迅速获得资金支持。

针对品牌方下游的经销商，京东推出了名为"易贷"的定向采购融资。京东可以根据经销商的采购和销售数据，为经销商提供授信额度。

针对经销商、代理商和分销商，京东推出了"动产融资"产品，其主要采用了融通仓融资模式（FTW financing model）下的动产质押融资模式。京东除了通过自身平台数据库中产品的价格数据来自动评估商品价值，还通过与仓储公司合作，全面掌控整个供应链条的数据信息，并对质押物进行实时监测和调整质押物数量，基本实现了动态质押。

针对优质的企业客户，京东推出了企业金采[①]产品。在这种产品模式下，京东会为优质客户提供赊购和账期管理等服务，这些优质客户将会享受"先采购、后付款"的信用支付服务。

针对商户和供应链的核心企业，京东推出了"京保贝"产品。其主要采

---

① 企业金采是京东金融通过信用风控体系评估后，为优质企业客户推出的一款先采购、后付款的金融支付产品。企业客户在订单支付时，选择企业金采支付，在可用额度范围内，完成购买和支付流程。

用应收账款融资模式和预付账款融资模式下的订单融资模式，京东会根据商家在京东平台上的采销数据，以及此前的应收账款融资数据，来确定具体供应商的融资额度。

可以看到，京东供应链金融的业务产品很多，彼此间的配合也颇为紧密。随着供应链金融市场的进一步发展，京东的这些供应链金融产品也将会进一步更新升级。

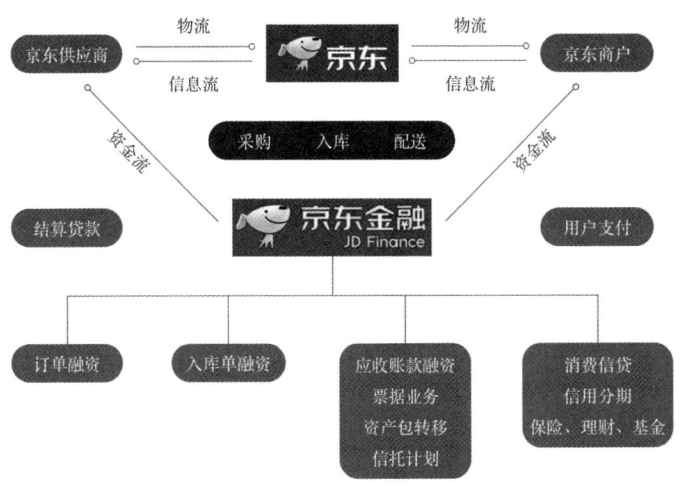

京东供应链金融平台

从根本上来看，电商平台在做供应链金融时，在信息流、商流方面具有较大优势，而在资金流、物流方面，可以通过与其他相关机构和企业合作来得到完善。

对于阿里巴巴和京东这样的电商企业来说，打造"四流合一"的供应链金融闭环并不困难，未来电商平台围绕供应链金融的竞争，除了体现在风险防控方面外，还体现在创新的金融业务模式上。在群雄逐鹿的电商金融市场上，谁能率先完成改革创新，谁就能先一步占据有利地位，进而成为整个市场的主导。

第五节 以供应链协作服务商为中心的协作模式

要做好供应链金融,关键在于掌握整个供应链上下游企业的实际经营情况,在这一方面,商业银行相比于核心企业、物流企业和电商平台要相对弱势。但由于商业银行在融资成本和资金实力上具有绝对优势,所以通过与核心企业或其他供应链企业合作,也能更好地开展供应链金融业务。

在掌握供应链上下游企业的实际经营情况后,供应链的主导者就需要对供应链中各个需要融资的企业进行信用评估和风险定价,以此来确定是否为某个企业融资,具体的融资额度又该定到多少等问题。

只要能做到这一点,供应链中的每一个参与者在理论上都具有开展供应链金融服务的可能。供应链的参与各方可以通过自身的优势去获取供应链中的"四流合一",从而切入供应链金融领域之中。

在前面,我们提到了分别以商业银行、核心企业、物流企业、电商平台为主导的供应链金融模式,除了上述几种供应链金融模式外,供应链协作企业也可以开展以自身为中心的供应链金融业务。下面,我们就来详细介绍一下以供应链协作服务商为主导的供应链金融模式。

由供应链协作服务商主导的供应链金融模式,又可以称为供应链金融SaaS模式。SaaS是21世纪兴起的一种全新的云计算软件服务模式,许多美国企业都在使用SaaS模式,现在,供应链也正在朝着这个SaaS模式的方向发展。从本质上来讲,这是连接客户、供应商、制造商、分销商和第三方物流等众多供应链节点的一种平台模式。

在一些细分行业中，信息管理系统的服务提供商会通过 SaaS 平台的数据信息来开展供应链金融业务。在前面提到的平安银行"橙 e 网"所打造的生意管家就是一个免费的 SaaS 模式的供应链协同云平台。在这一平台上，供应商可以便捷管理从订单到仓储运输，再到付款的全交易流程，而平安银行则可以通过供应商在该平台上留下的交易、物流和付款信息，对供应商的信用进行评估，并给予他们相应的授信额度。

可以看出，通过"橙 e 网"生意管家平台，供应商不仅可以高效便捷地进行交易管理，提高交易流程的效率，还可以解决自身融资难、融资贵的问题。而平安银行则可以更好地掌控整个融资过程的风险，弥补自身产业链信息不足的缺陷。

"橙 e 网"的供应链金融模式其主导者更多还是商业银行，怡亚通所开创的供应链金融模式，应该更偏向于供应链协作服务方向。

与传统的供应链管理服务商不同，怡亚通所主打的是一站式供应链管理服务。传统的供应链服务商可能更多地在供应链的单个环节或多个环节上提供专业服务，比如物流服务商会提供物流运输服务，采购服务商会提供代理采购服务等。而怡亚通则整合了供应链上的各个环节，形成了一个可以提供采购、物流和分销于一体的一站式供应链管理服务模式。

物流是怡亚通的主力业务，其在整合了采购、收款等其他供应链业务后，还开展了存货融资等业务。这可以说是怡亚通与其他传统供应链服务商最大的区别所在，这种做法有效地为企业开拓出新的金融业务，帮助企业寻找到了新的经济增长点。

在这种业务模式下，怡亚通就像是一家微型银行，其可以将融资成本较低的资金通过供应链管理服务交给客户，然后从中赚取利息差。

在面对采购商时，怡亚通可以根据采购商的要求，在其客户信息系统中迅速选择合适的供应商，然后通过电汇等方式帮助采购商垫付货款，待采购商收到货物后，再回收货款。

而在面对分销商或生产商时，怡亚通则会代替采购商预付货款，这样当生产商收到资金后，便可以再次投入到新一轮生产活动之中。这种代付业务可以帮助采购商及时获得所需物资，同时也避免了采购商承担较大的预付资金风险。

当然，在代采和代销过程中，怡亚通都需要收取一定的费用。在收费方法上，与固定收费方法不同，怡亚通主要采取以交易额为基准的浮动收费法，根据交易额的一定比例来收取服务费用。这样一来，怡亚通与采购商和供应商便紧密地联系在了一起，多方如果都想同时获得较高利润，就要努力提高供应链的效率，提高企业的业务量。

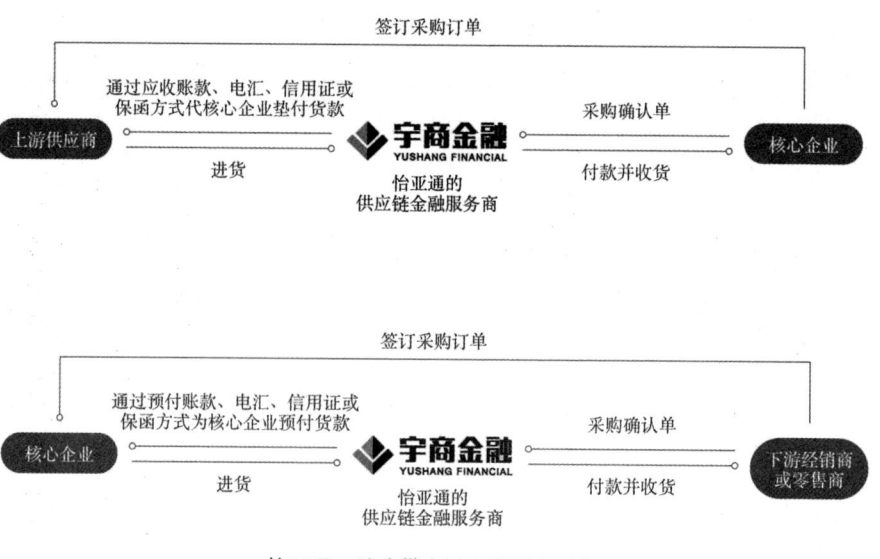

怡亚通一站式供应链金融服务平台

在为固定企业提供供应链金融服务前，怡亚通会与客户签订一定期限的供应链管理综合服务合同，根据合同的具体内容为客户打造个性化的服务。提供服务的层次越多，涉及的供应链链条越长，其收取的服务费率也就相对越高。

平台化是供应链金融发展的一个重要趋势，商业银行可以搭建这个平台，核心企业可以搭建这个平台，第三方企业同样也能搭建这个平台。

但正如本章我们提到的其他类型的供应链金融模式一样，无论供应链金融的主导者由谁来担当，其都需要做好最基础的工作，那就是统一"物流""资金流""信息流"和"商流"。无论是采用合作方式，还是独立运作，只有做好这方面的工作，才能去架构整个供应链金融的业务体系。

第三章 从供应链金融到产业供应链金融

第一节　从商业保理到供应链金融

随着我国市场经济的发展，实体企业发展壮大的同时，对资金的需求也不断增加。国家有关部门在鼓励银行等金融机构发展供应链金融业务的同时，也为商业保理公司进行业务创新提供了一个新的方向。

自2012年以来，我国商业保理行业获得迅猛发展，在解决中小企业融资难、融资贵问题上发挥了重要作用。从当前的市场需求来看，企业应收账款市场还有较大的成长空间，商业保理行业也可以通过业务创新，来继续挖掘应收账款市场的潜力。

作为传统金融机构的补充，商业保理以应收账款为前提，是服务供应链上下游中小微企业的重要工具。其主要基于买卖双方的交易关系，当卖方将其与买方所订立的货物或服务贸易合同所产生或将要产生的应收账款转让给保理商后，保理商将会为买卖双方提供包括贸易融资、应收账款管理、商业资信调查、账款催收和坏账担保等内容在内的综合性贸易金融服务。

在业务模式上，商业保理主要有以下四种运行模式。

一、直接保理

供应链中的卖方将其对真实贸易中的买方的应收账款转让给保理公司，保理公司由此对卖方进行保理融资。根据可否对转让应收账款的卖方进行追索，直接保理业务又可以分为有追索权保理和无追索权保理两种。

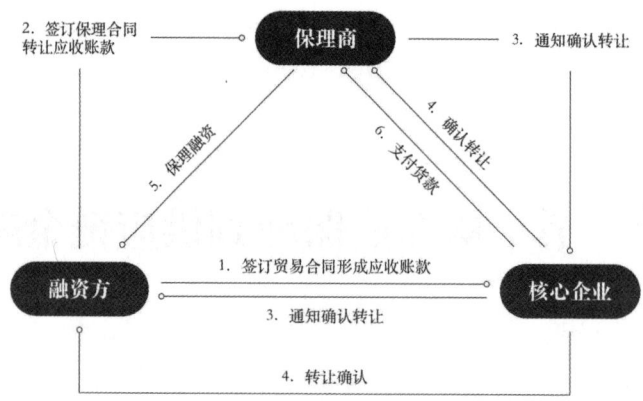

供应链金融中的直接保理

在这种保理模式中，保理商会对卖方信息进行核定，但却无法确保每个卖方是否具有支付的意愿和能力。为了减少这种不确定性给自身带来的风险，保理商必须要从其他买方汇款中确保账款的自偿性。

二、反向保理

反向保理又被称为"逆保理"，主要由买方发起。使用这种保理业务模式比较容易控制银行贷款的风险，在满足中小企业短期资金需求的同时，还可以增强整个供应链的运作效率和价格竞争力。

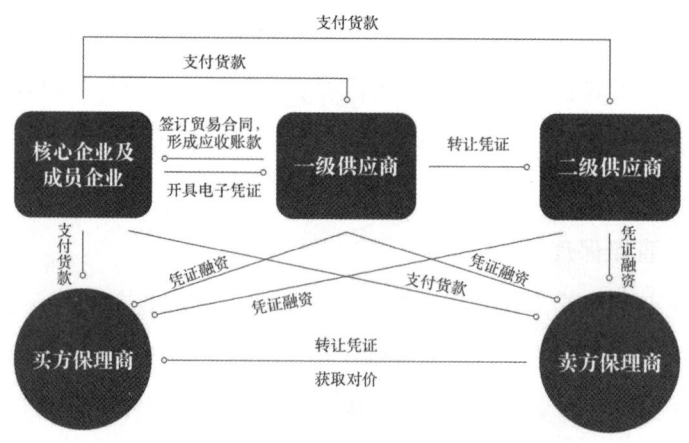

供应链金融中的反向保理

在反向保理中，核心企业的信用情况是保理商关注的重点，在大多数情况下，保理商与核心企业会存在一定关联或是合作关系。

三、保理池融资

在业务模式上，保理池融资与直接保理基本相同，不同之处只是表现在卖方需要向保理公司转让多笔应收账款。这些应收账款汇集在一起后，便形成了应收账款池，保理商会根据应收账款池的资金情况向融资方提供融资。

前面提到，直接保理模式中可能存在偿债风险的问题，在保理池融资中，由于将零散的应收账款归集到一起，所以不太容易出现买方还款风险的问题。

四、票据保理

传统的票据保理是指卖方将其手中的应收账款转让给保理公司，保理公司在对其进行保理融资后，由买方向其开具发票来支付相应的应收账款。但在具体的市场实践中，票据保理出现了几种不同的形式，较为常见的主要有先保理后附票、先附票后保理和纯票据保理等。

先保理后附票与上面提到的一样，由债权人转让应收债权获得保理融资，债务人向保理公司支付票据，来支付这笔应收账款。

先附票后保理则反其道而行，先由债权人与债务人就应收账款开具票据，随后保理商再与债权人订立保理合同，并从债权人处获得相应的应收账款。相比于先保理后附票，这种业务模式更有利于保理商控制保理风险。

纯票据保理是指保理商只根据融资人提供的票据向其提供融资，而不需要融资人向保理商转让应收账款。在这种模式中，一旦出现票据造假问题，保理商将会面临较大的债权回收风险。因此，在这种保理模式中，保理商多会要求融资人提供其他的增信举措。

近年来，商业保理在我国经历了迅速发展而又明显衰退的发展历程，究其原因主要是因为这一行业的固有痛点所致。

做商业保理,一个常见的问题就是核心企业确权难,传统确权流程烦琐不说,强势的核心企业不配合确权就让保理商头痛不已。此外,很长一段时间,我国的商业保理业务所依托的都是保理公司的自有资金和股东投资,银行的授信额度有限,其他融资渠道也并未形成。在这两方面的困扰之下,商业保理必须要寻找到新的发展路径。

与商业保理相比,供应链金融所涉及的领域更广,涵盖了采购、生产、销售整个过程,同时以订单融资、存货融资和应收账款融资为主要模式。在论及二者间的关系时,业界并没有一个明确的结论,但从二者的概念和主要业务模式可以看出,供应链金融可以说是商业保理的"放大加强版"。

当然,二者之间的差别也是较为明显的。商业保理所面对的主要是应收账款问题,其所需要面对的主要是债权人和债务人,其债权债务转移与对象有着明确的定义。而供应链金融则主要立足于核心企业,产业链上下游企业集合在一起,通过掌控信息流、资金流、物流和商流等内容,来开展金融服务业务。可以看出,供应链金融在手段上要更灵活、更多样。

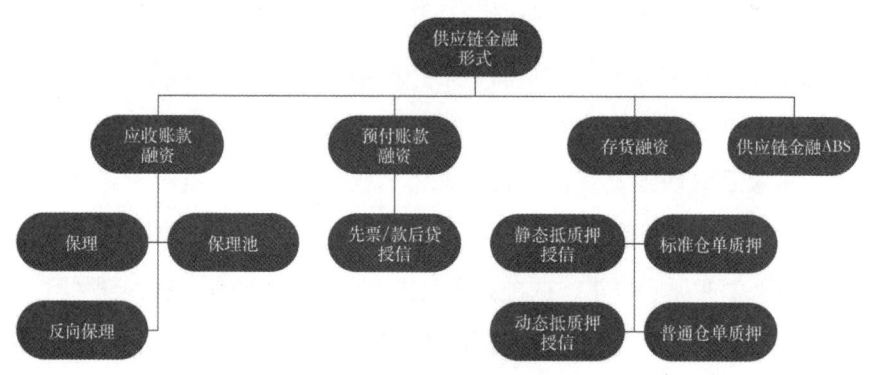

供应链金融升级迭代

当前,供应链金融已经成为金融市场中的一股新潮流,越来越多的参与者开始踊跃加入市场竞争之中。商业保理公司可以依靠其专业的业务素养,通过与银行等金融机构合作,拓宽融资渠道,提高自身的金融业务竞争力。

从商业保理到供应链金融，从供应链金融到产业供应链金融，互联网金融服务的创新正在不断助力实体经济的发展。在国家政策的扶持下，在多方的共同努力下，产业供应链金融必将会为解决中小微企业"融资难、融资贵"问题提出更为有效的解决方案。

第二节　产业供应链金融的概念

供应链金融在中国已经走过了 20 多个年头，从 1998 年开始到现在，供应链金融的模式和形态不断演变发展。随着互联网的发展，互联网与各产业结合的越来越紧密，供应链金融模式也从原来的"1+N"转变为"N+N"，出现了"互联网＋供应链金融"的模式。本节中要介绍的产业供应链金融，就是这种模式中的一种。

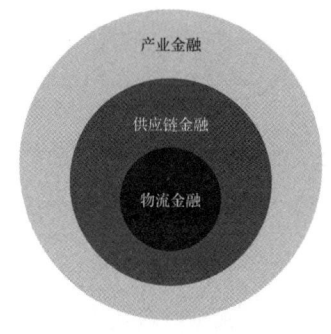

产业工业链金融

所谓产业供应链金融，就是指银行等金融机构在自身的专业领域中，以核心企业为依托，综合运用互联网技术、大数据技术、云计算技术、区块链技术和物联网技术，为产业链中各成员提供灵活的金融产品和融资解决方案。

在整个过程中，银行等金融机构需要以产品的生产、运输、销售各环节的真实交易数据为依据，把核心企业及其上下游供应链上的中小企业看作一个统一的整体，再根据交易链条中的各种关系和具体的产业特征去设计创新的融资模式。

想要更好地理解产业供应链金融，我们首先要理解产业互联网是什么。可以说，没有产业互联网，就没有产业供应链金融，作为产业和互联网的深度融合，产业互联网是产业供应链金融建立的重要基础。

互联网在产生之初，主要是消费互联网，其所连接的主体主要是人，而内容则是各种各样的信息。从本质上来看，消费互联网更多的还是一种信息的互联。而当消费互联网逐渐向产业互联网转化时，其所连接的主体和内容也都随之发生了改变。

首先，产业互联网所连接的主体非常复杂，它不仅连接着消费者，还连接着企业、设备以及企业中的各个部门。其次，在连接内容上，产业互联网是信息、资产和价值的互联。在这一方面，近年来互联网企业纷纷涌入汽车制造行业，用互联网思维造车，正是产业互联网的典型实例。

产业互联网的不断发展给各个领域都带来了显著变化，其中一个最直接的结果就是个人与产业间的连接变得更加紧密。一件商品到消费者手中需要经历的环节越少，则效率越高，供应链核心企业能获得的价值也就越高。这就使得核心企业在供应链管理方面要追求更加高效的管理模式，通过创新管理模式，来将产品成本降到最低。

在产业互联网基础上发展而来的供应链金融，其在特征上发生了较大变化，这些特征正是产业供应链金融的特征所在。

第一，企业或平台的交易规模决定了企业或平台的资金缺口。如果某平台的交易规模达到 10 亿，而其自身的营收仅有 1000 万元，这时如果该平台依然采用传统的供应链金融融资模式，那么其自身的资金缺口是很难补足的。

第二，企业原有的许多线下业务模式将会逐步被线上业务取代。互联网平台的业务小而分散，业务周期也比较短，这就决定了低效的线下业务无法满足互联网平台的发展需要，业务线上化将成为一种必然趋势。

从上面两个特征可以看出，产业供应链金融应该朝着数字化和线上化方向发展。与此同时，在风险控制方面，其与供应链金融也存在着一定的区别。传统的供应链金融主要以核心企业主体信用为核心，而产业供应链金融则需要以整个产业链资产的优劣情况和交易场景作为核心。

当然，从当前产业供应链金融的发展来看，以核心企业主体信用为核心进行授信的模式还比较常见，而且在较长一段时间中依然会占据主流。一些金融机构在做供应链金融时，会安排特定人员对核心企业的各个指标进行定量和定性的分析，以此来判断融资主体的信用状况，这是较为常见的模式，同时也会是产业供应链金融时代的一个基础风控模型。但需要注意的是，随着产业供应链金融的发展，在风险控制方面，核心企业的主体信用将会让位于具体的交易场景。

做产业供应链金融，一个很重要的内容就是要把控好交易场景。所谓交易场景，就是贸易背景的真实性，产业供应链金融运营者除了要查看合同和票据外，更重要的是把控好"四流合一"的问题。

在这一点上，可以充分利用区块链技术来确保数据的真实性和交易场景的可追溯性。大多数银行等金融机构对于运用区块链来解决交易场景问题是较为认可的，这一方面是因为区块链上的数据来源多样，另一方面是因为金融机构作为链上的节点，可以获得第一手真实数据，所以用区块链技术去把控交易场景是切实可行的。

除此之外，为了确保将风险降到最低点，稳定的还款来源也是必不可少的。在传统的供应链金融模式中，以核心企业的主体信用为核心，只要核心企业不出现经营危机，还款来源一般是比较稳定的。但在产业供应链金融中，核心企业的地位弱化，运营者就需要根据供应链中历史资金流的数据，把控上游的回款来作为还款来源。在具体实践中，平台资金池的出现对于产业供应链金融发展具有重要意义。

除了把控交易场景和还款来源，在做产业供应链金融时，设计合理的金融产品也是较为重要的环节。在设计金融产品时，需要充分考虑交易结构和业务分散程度等问题，考虑得越全面，金融产品就越优质，这一点需要结合具体的产业供应链来具体分析。

上面我们讲了产业供应链金融的概念、特征及风险控制方面的内容，从时间上来看，产业供应链金融是一种全新的金融服务形式，其与供应链金融一脉相承，却又有着明显的不同。在一系列新技术的加持之下，产业供应链金融必将发挥出其强大的功能和作用。

第三节 产业供应链金融的核心要素

在传统的金融业务中,企业的财务报表是银行了解企业财务状况的主要手段,厂房、土地等固定资产则是企业进行融资的重要质押物。在这种融资活动中,企业对资金的使用用途,以及企业融资的还款来源是并不明确的。

在供应链金融活动中,银行开始以核心企业及与其有着稳定贸易往来的上下游企业所构成的一整条供应链作为信用评价主体,通过确认供应链成员与核心企业间的真实贸易关系,严格限定各成员的融资,同时强调资金用途和还款来源的稳定性。此外,供应链金融还以动产进行质押,创造出了多种不同的融资方式。

而产业供应链金融,除了具有供应链金融的一些显著特征外,其还表现出了很多与之不同的地方。在上一节我们提到了产业供应链金融的风险控制问题,可以发现,产业供应链金融的风险控制要比供应链金融更为完善。其实不仅在风险控制方面,在很多其他方面,产业供应链金融都要比供应链金融更为完善。

如果将供应链金融比作无数条平行排布的经线,那么产业供应链金融就是无数条密布经线与纬线交织而成的网面。那么,又是哪些核心要素构成了这一网面呢?下面我们来一一介绍。

一、金融机构的参与

金融机构拥有充足的低成本资金,是供应链金融中重要的资金提供方。

但由于独立于具体产业之外，金融机构在开展供应链金融业务时，经常会遇到信息不对称问题。这时，金融机构就需要与产业链中的核心企业及其他企业相互合作，将金融服务与具体产业相结合，"产融结合"是产业供应链金融发展的重要因素，金融机构的参与和支持是产业供应链金融的重要组成要素。

二、核心企业的参与

在整个产业供应链金融活动中，核心企业是重要的核心组成要素。一方面，其可利用自身的资信，来帮助上下游企业进行融资担保，从而帮助供应链上下游企业更好地从金融机构获得融资；另一方面，为避免违约风险，在为上下游企业提供融资担保的同时，会加强对融资企业的监督，确保其业务的正常开展，以及贷款的正常偿还。由此，产业供应链金融活动的开展，依然要围绕着核心企业进行。

三、多样的融资手段

产业供应链金融活动需要面对不同的主体，在整个供应链中，不同企业从事的经营活动各有不同，其在不同环节对资金的需求也多有不同，这就决定了在产业供应链金融活动中，需要存在多种不同的融资方式，来满足不同主体的融资需求。

四、完备的风险控制体系

做产业供应链金融的风险控制，不仅要做好金融方面的风险防控，还需要做好物流方面的风险防控，风险控制的工作要覆盖到整个供应链金融活动全过程，从而将风险降到最低。在整个产业供应链金融活动中，风险控制是重要核心，谁能在风控方面做出成绩，谁就能走得更远、更好。

从理论层面上探讨了产业供应链金融的核心要素后，我们再从具体的实例来看看，在一个完整的产业供应链金融活动中，这些要素是怎样搭配组合的。

凭借运量大、速度快等特点，地铁成为城市轨道交通的骨干体系，对于解决城市居民出行拥堵问题，具有很好的效果。但想要打造一个完善的以地铁为核心的轨道交通产业链，并不是简单规划几条地铁线路就可以的，而是需要不断优化我国当前的地铁产业供应链金融模式。只有这样，我国才能打造出一个在全球范围内具有比较优势的城市轨道交通体系。

2012年底，为了更好地进行地铁建设管理，青岛市政府审批成立了青岛地铁集团有限公司。2017年9月，青岛地铁集团通过与齐鲁银行和青岛闪收付信息技术有限公司合作，打造了一个地铁产业供应链金融线上管理平台。

作为一个跨行业、跨区域和跨部门的金融平台，青岛地铁集团产业供应链金融平台可以在线上整合整条产业链上的贸易交易、金融产品和物流服务，通过与各方紧密联结，形成了一个共同发展的和谐生态圈。

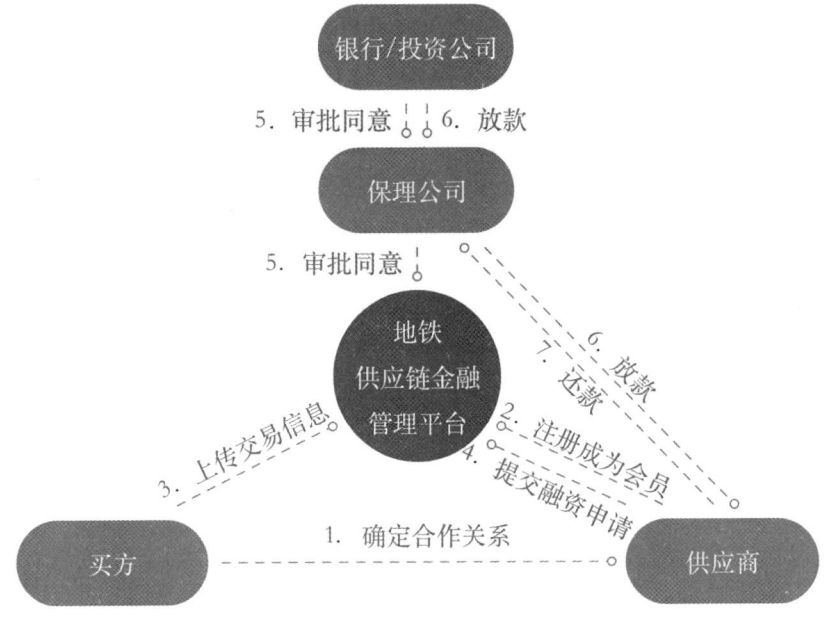

青岛地铁产业链金融平台运行流程

青岛地铁产业供应链金融平台的主要运行流程可以分为：

（一）由青岛地铁集团确定不同环节的供应商，双方在达成一致意见后，签订交易合同

地铁产业链就像是一棵大树的根须，盘根错节，涉及方方面面的内容。从大方面来讲，主要有研发建设、维护运营、投资融资、资源开发和文化传媒等。在每一个大方面之下，所涉及的各个细小环节中，会出现各类供应商。由此，青岛地铁集团必须先根据自身的需求，通过招标或其他方式来确定各个环节的具体供应商，在达成协议后再与各供应商签订相关交易合同。

（二）供应商入驻线上平台

当青岛地铁集团与各供应商签订具体合同后，其会根据实际情况在产业供应链管理平台上录入供应商名单。同时，平台会通过微信、短信等方式邀请供应商加入平台。接到邀请的供应商如果同意入驻平台，便可以申请注册。

（三）青岛地铁集团将相关交易信息上传到平台上

相关交易信息主要根据青岛地铁集团所签订的采购合同为依据，其主要包括交易时间、供应商名称、具体项目和实付金额等内容。

（四）供应商根据自身需求和情况，在平台上提交融资申请

由于应收账款问题的存在，许多中小供应商存在较大的资金需求，但由于自身信用等级较低，很难从银行等金融机构获得融资。这时候，平台上的供应商就可以通过平台进行融资申请，由核心企业用自身授信来为其担保。

（五）在收到融资请求后，银行进行审批，并最终确认是否融资

借助于线上平台，青岛地铁集团、线上线下供应商、信息技术公司和物流公司可以实现互联互通，通过大数据分析和云计算技术，银行便可以在线上快速核实线下的真实贸易，并对其融资请求进行评估。当核实通过后，银行会在平台上发布审批结果，供应商可在平台上进行查看。

（六）银行向供应商发放贷款

由于产业供应链金融平台的存在，供应商可以借助于核心企业的信用，并以较低利率获得相对较多的贷款。由于核心企业的授信支持，银行会立足于真实贸易，从整个产业链角度进行风险评估。评估结果越好，供应商在融资时享受到的优惠也就越多。

（七）青岛地铁集团支付剩余款项，供应商收款后偿还银行贷款

在合同约定期限到期后，青岛地铁集团需要通过平台将应付账款转入到供应商银行账户之中。收到货款后，供应商则需要根据贷款利率及贷款金额向银行支付相应的本金和利息。

以上便是一个完整的产业供应链金融平台的运作过程。通过这一金融平台，供应商可以有效利用青岛地铁集团的信用，高效获得低成本融资。而青岛地铁集团作为产业链中的核心企业，在主导整个流程的同时，也降低了自身的财务费用，加强了地铁建设的效率。齐鲁银行则在有效控制风险的情况下，提升了自身金融业务的综合竞争力。

可以看出，这是一种多赢的金融合作模式，正是产业供应链金融中各个核心要素的完美结合，才达成了这一结果。

第四节 以电子信用凭证为代表的产业供应链金融

在传统的供应链金融模式下,核心企业的信用流转和贸易背景的真实性核查是两大业务重点。这是每一个供应链金融主导者都需要面对的问题,同时,这两个问题之间又有着千丝万缕的关联,可以说,核心企业信用流转的原因正是贸易背景真实性核查的困难。

从整个供应链来看,核心企业与其下属的一级供应商关联最为密切。在传统的供应链金融中,核心企业只能向一级供应商提供融资,而不能向二级或二级以上的供应商提供融资,更无法满足不同供应链间供应商的信用交互问题。

而贸易背景真实性核查的困难之处则主要在于供应链上物流、商流和信息流的分离及可信性。一级供应商与核心企业的关联较强,双方贸易背景的真实性核查相对容易,而二级及二级以上的供应商与核心企业的关联性随着层级增多会不断减弱。

对于二级及二级以上供应商提供的信息,资金方并不能直接选择相信,而需要多次核查确认,核查程序的烦琐便会导致整个供应链金融运作效率的下降。如果核查出现疏漏或差错,还可能导致供应链金融运作出现风险。

在产业供应链金融模式下,借助区块链技术和物联网技术,供应链上各层级的物流、商流和信息流都会被记录在分布式账本上。与此同时,核心企业被要求多次与各级供应商进行多方确认,保证供应链信息的真实性和不可篡改性，这种做法在很大程度上增强了二级及二级以上供应商的信用，有利于贸易背景真实性核查的展开。

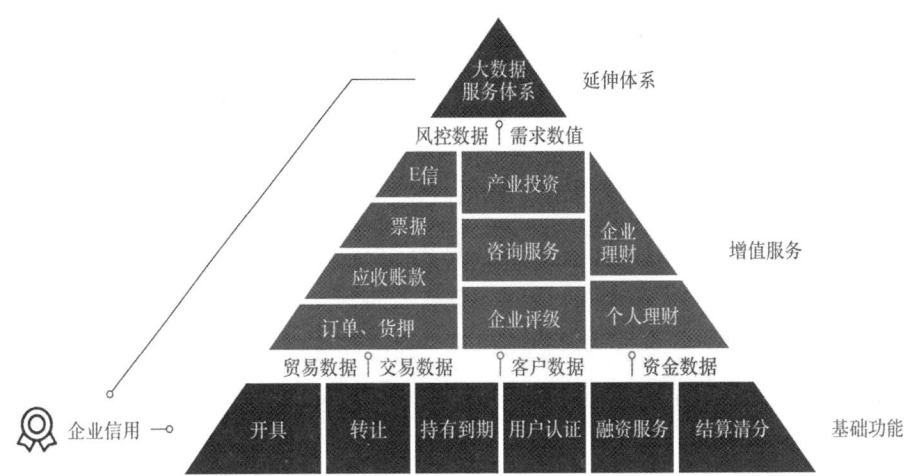

以电子信用凭证为代表的产业供应链金融平台

从当前的供应链金融市场来看，无论是以核心企业为主导的产业供应链金融平台，还是以商业银行为主导的产业供应链金融平台，都是通过将传统的贸易关系抽象为应收账款电子化凭证的开具、流转、融资和清付等环节，来实现核心企业的信用下沉和传递的。在整个过程中，电子化的信用凭证成为产业供应链金融运作的中心。

电子信用凭证的产生得益于区块链技术的发展和应用，在"互联网+"的趋势下，票据的"无纸化""自动化"和"智能化"已经成为其发展的重要趋势，而区块链技术的出现则为票据的电子化发展提供了重要助力。

2016年，中国银联开发了基于区块链的可信电子凭证系统，其不仅可以应用到电子签购单中，还可以应用到电子合同、电子发票、电子保单、特定金融凭证与证明等金融业务之中。

无论是个人金融活动，还是企业金融活动，或多或少都会涉及各种不同的来自金融机构的各类业务凭证或证明。电子信用凭证的出现可以降低金融机构的业务成本，使合同、回单等凭证脱离纸质载体，个人和企业也可以避免凭证丢失问题的出现。更为重要的是，其可以保障各方建立凭证和证明的真实性和不可篡改性，在产业供应链金融运作中，降低信用核查成本。

下面是两种不同主导方的产业供应链金融平台的运作模式。

一、以核心企业为主导的产业供应链金融平台

当核心企业向一级供应商采购商品或服务时，在付款金额确定后，一级供应商将会获得平台出具的应收账款凭证。而当一级供应商向二级供应商采购商品或服务时，在付款金额确定后，二级供应商也会获得平台出具的应收账款凭证。依此类推，整个供应链上的各级供应商都会获得相应的应收账款凭证。

外部资金方入驻平台，并通过区块链、物联网等技术将核心企业的采购信息可信化、真实化。

当各级供应商想要进行融资时，可以将手中持有的应收账款凭证全部或部分转让或质押给外部资金方，并向外部资金方提出融资申请。

当各级供应商需要进行支付时，同样可以将手中持有的应收账款凭证全部或部分转让给其上游的供应商，完成贸易款的支付结算。

可以看出，在上述运作流程中，电子信用凭证取代了应收账款资金，由于其真实性和不可篡改性，在整个产业供应链运作中，可以有效保障贸易的真实性，大大降低了供应链各方的信用成本。

二、以商业银行为主导的产业供应链金融平台

当核心企业向一级供应商采购商品或服务时，在付款金额确定后，一级供应商将会获得平台出具的应收账款凭证。依此类推，整个供应链上的各级供应商都会获得相应的应收账款凭证。

外部资金方入驻平台，并通过区块链、物联网等技术将核心企业的采购

信息可信化、真实化。

当各级供应商想要进行融资时，可以将手中持有的应收账款凭证全部或部分转让或质押给外部资金方，并向外部资金方提出融资申请。

当各级供应商需要进行支付时，同样可以将手中持有的应收账款凭证全部或部分转让给其上游的供应商，完成贸易款的支付结算。

商业银行对核心企业授予信贷额度，并在授信额度内对供应商转让或质押的应收账款进行垫付。

可以看出，上述运作流程与以核心企业为主导的产业供应链金融运作基本相同，只是由商业银行作为主导者，对核心企业授予了信贷额度，同时对应收账款进行了垫付。

从上述具体运作流程可以发现，电子信用凭证真正应用到产业供应链金融之中，大体需要具备"可证明""可流转""可拆分""可抵偿""可清付"等特征。

"可证明"主要是指平台成员的身份和贸易行为要真实可证，流转的应收账款也要真实可证。这需要产业供应链平台的主导者做好接入企业的身份甄别工作，以及平台流转的应收账款的转让登记和确权工作。

"可流转"就是指应收账款可以在平台上流转，既可以用作保理融资流转，也可以用作债务抵偿流转；既可以进行整体转让，也可以进行拆分流转。

"可拆分"是指在进行应收账款流转时，应收账款的债权人可以根据自身需求，把部分应收账款流转给资金方，或者用其来偿还特定的债务。

"可抵偿"是指在债权凭证流转过程中，上下级供应商之间使用债权凭证抵偿双方的应收账款债权债务。通过债权转让方式来清偿债务，可以让核心企业的信用不断下沉、流转，逐渐延伸到更多层级的供应商身上。

"可清付"主要是指应付账款到期清付问题。为了避免出现违法违规风险，平台通常会引入第三方支付机构或通过与银行合作，来将资金清算与持有人信息钩稽，而后再通过第三方支付机构或银行的代付服务来实现资金的及时清付。

电子信用凭证的出现让产业供应链金融的运作效率变得更高,随着区块链技术与供应链金融的深度融合,产业供应链金融将会发展得更加完善。

第四章 产业供应链金融新模式

第一节 中心模式：以核心企业为主导

在产业供应链金融中，供应链的核心企业一般是指在供应链产业生态中规模较大、信誉较好、制度比较完善、融资渠道比较广泛、财务体系比较健全的优质企业。同时，还要求该企业对其上下游中小企业具有一定的支配和管理作用。

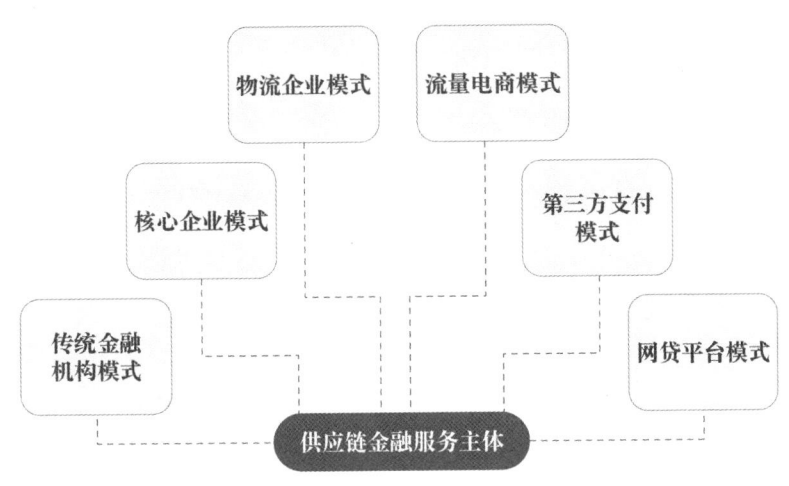

供应链金融六个服务主体

在整条供应链中，上下游中小企业能否长久稳定地发展，在很大程度上影响着供应链的稳定，影响着核心企业产品的生产和销售，甚至影响着核心企业战略发展的成败。基于此，核心企业为了寻求更好的发展，就必须努力维护自身供应链的稳定，并逐步提升自身供应链的综合竞争力。想要做好这方面的工作，核心企业就必须着力解决上下游中小企业"融资难、融资贵"的问题。

凭借自身优势，核心企业可以建立产业供应链金融平台，通过这一平台为上下游中小企业提供资金支持，由此便形成了以核心企业为主导的供应链金融模式。

在以核心企业为主导的产业供应链金融模式中，核心企业可以从整条供应链共同发展的角度，与上下游中小企业建立起平等友好的关系。双方之间的关系联系得更为紧密，上下游中小企业依赖核心企业而生存。反过来，核心企业的发展壮大也离不开供应链上下游中小企业的稳步发展。

实例分析：海尔产业供应链金融平台

2014年12月，海尔集团全资控股的互联网投资理财平台"海融易"上线，在其四大业务板块中，供应链金融的业务占到了平台交易量的60%以上。

通过与平安银行等四家金融机构合作，海融易通过平台可以为其所有的企业用户提供直接授信和订单融资等金融服务，这也意味着有近万家海尔经销商，可以享受到便利的互联网线上融资体验，解决自己面临的融资难问题。

海尔集团的所有供货商、销售商的数据信息都可以在海尔的ERP数据库中找到，海尔集团可以清楚地知道融资企业上下游供应商和销售商的详细情况。因此，在风险控制方面，它具有得天独厚的优势，通过海融易独有的风控模型，海尔集团可以准确判断融资企业是处于扩大再生产阶段，还是严重亏损阶段，从而为资金方提供详细的风控信息，以避免融资风险的出现。

海尔针对经销商不同时期的融资需求，主要推出了"货押模式"和"信用模式"两种供应链金融业务。其中，"货押模式"主要是针对经销商为了应对节日消费峰等情况而需要进行大额采购所实施的一种金融解决方案；"信用模式"则主要是针对经销商每月实际销售产生的小额采购而实施的一种金融解决方案。

"货押模式"的具体操作流程：

1. 经销商通过日日顺 B2B 平台向海尔智慧工厂下单，再将 30% 的预付款交到银行。

2. 经销商向海尔供应链金融申请货压融资，海尔供应链金融则将相应信息递送至银行，同时会根据手中掌握的经销商的具体信息，向银行提出建议额度。

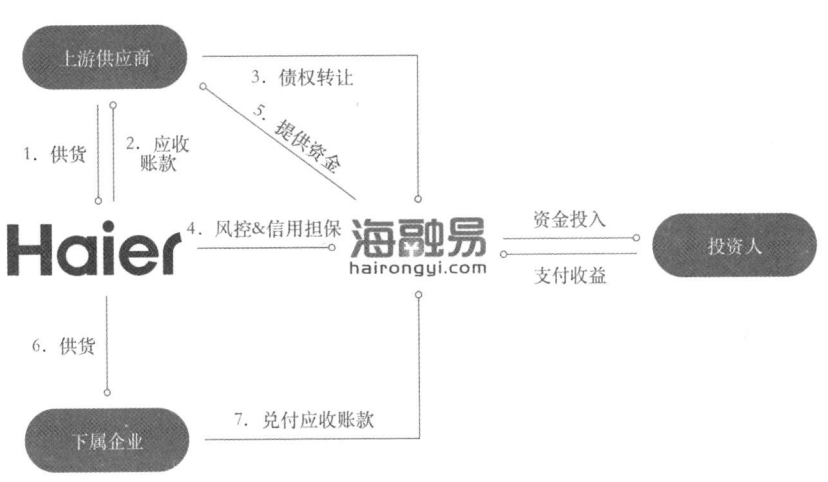

海尔产业供应链金融平台

3. 银行审核申请后，将钱款转到经销商监管账户，海尔供应链金融则将剩余订单资金交付给海尔的财务公司。财务公司收到相应款项后，会通知海尔智慧工厂根据经销商订单内容安排生产。

4. 当海尔智慧工厂将产品加工完成后，会将成品发送到日日顺物流仓库，成品货物将会进入质押状态之中。

5. 当经销商需要使用成品货物时，需要向海尔供应链金融申请赎货，同时将剩余货款归还给银行。

6.当海尔供应链金融收到经销商全额支付的货款信息后，日日顺仓库的成品货物会解除质押，并由日日顺物流配送给经销商。

"信用模式"的具体操作流程：

1.经销商要先向海尔提供当月的预订单。

2.收到预订单后，海尔智慧工厂进入产品生产阶段。

3.海尔供应链金融和银行会根据经销商的信用状况，为经销商提供全额资金，并直接支付到海尔财务公司。

4.财务公司在收到货款后，准许智慧工厂发货，工厂便会通过日日顺物流将货物发到经销商处。

5.经销商在收到货物后，要将货物款项打入指定商业银行中。

可以看出，无论是"货押模式"，还是"信用模式"，海尔供应链金融平台上的经销商在获取融资时，都可以不用抵押担保，也不用自己跑到银行去办手续，一切操作都可以通过海尔在线供应链金融平台来完成。经销商不仅享受到了快捷高效的融资服务，同时还可以获得大企业融资才有的优惠利率。

除了海尔供应链金融平台外，海尔集团在供应链金融方面还组建了海尔金融保理公司。与海尔供应链金融平台服务于海尔产业链内的企业客户不同，海尔金融保理的全部业务都独立于集团产业链之外，其所服务的也主要是海尔集团产业链外的企业客户。

相比于做产业链内的融资服务，可以更好地控制风险，开发业务，海尔金融保理做产业链外的融资服务显然要更难一些，但从风险控制方面，还需要下很多功夫。为了解决风险控制方面的问题，海尔金融保理始终坚持并践行全员控风险的理念，所有员工都承担着风险控制的任务。

在不断摸索中，海尔金融保理创建了一种"链式信用生态"的模式，这种模式通过打通整个产业链，排除产业链中不必要的中间商，连接各个资源方，建立起以合同为基础的信用增值体系。其所打造的是一个信用生态赋能平台，通过信用价值在产业链中不断深入传递，改变产业链末端的中小微企业的弱势地位。最终将以核心企业为主的供应链金融，推向整个产业链共同参与的产业链金融，进而再探索出让产业链各方联系更为紧密的生态链金融。

可以看出，海尔集团在供应链金融方面的尝试和实践是比较成功的，其所不断推进的方向，也正是当前供应链金融变革升级的主流方向。借助于强大的先天优势，海尔集团在供应链金融领域所取得的成绩，已经成为其在传统业务之外的新的经济增长点，这正是核心企业主导的供应链金融所带来的理想结果。

第二节 资金模式：以出资方为主导

银行等金融机构在开展供应链金融业务时，与其他参与主体相比，在资金方面具有得天独厚的优势。资金的借贷正是银行等金融机构的主营业务，其不仅具有完善的资金借贷流程和风控体系，同时还具有资金成本低的先天优势。因此，在最初的供应链金融业务中，冲在最前面的也多是商业银行。

作为金融机构的典型代表，商业银行拥有一套独特的信用考评体系。在传统的资金借贷业务中，为了尽可能地规避风险，商业银行对于借款人的资格审核是非常严格的。这种严格的审核让很多缺乏抵押物、信息不透明的中小企业被挡在银行的大门之外，即使费尽九牛二虎之力获得了银行贷款，其贷款规模和贷款利率也难以满足中小企业的发展需求。

对于这一问题，银行方面也颇为烦恼，中小企业融资市场可以说是一片未开拓的蓝海，谁能先一步进入其中，谁就能够获得先发优势。但在传统的信贷模式下，各大银行的"小船"并不能更好地承受这片"海洋中的巨浪"，为此，银行等金融机构需要新的工具去开拓中小企业融资市场。供应链金融正是据此进入商业银行的视野之中的。

前面已经提到过，供应链金融模式可以很好地解决为中小企业授信可能出现的风险问题。商业银行通过将整条供应链上的企业进行整合，不再对供应链上的单个企业进行分散授信，而是从整条供应链入手，从其运作机制、发展前景和信用状况等多方面去考察，进而再对供应链中的中小企业进行贷款。这种做法可以很好地解决银行等金融机构所面临的信息不对称问题，化解可能发生的融资风险。

在以银行等金融机构主导的产业供应链金融中,银行更多是出资方,通过审核供应链参与者的融资需求,来完成资金借贷工作。同时,银行在整个产业供应链金融中,还负责风险防控体系的构建。

实例分析:中国银行供应链金融业务

2007年7月,中国银行推出"融易达"这一供应链金融产品,其主要是利用核心企业的信用能力,帮助上游中小企业的供应商提供授信支持,以此为这些中小企业解决"融资难、融资贵"的问题。从整体效果来看,通过这一金融产品,中小企业解决了融资问题,核心企业优化了财务报表,中国银行扩张了金融业务,达到了多赢共赢的效果。

2009年6月,中国银行总行成立了供应链团队,开始对供应链金融业务进行集中管理,并制定了供应链金融的发展方针和发展战略。在此之前,中国银行的供应链金融业务多是各个二级分行各自开展的,不同地区的分行根据当地的经济发展情况和具体客户的融资需求,在传统贸易融资的基础上推出了差异化的供应链金融业务,并逐渐覆盖到了供应链的上下游各个环节。

截至2014年,中国银行供应链金融业务的发生额已经增加到近1万亿元,共发展出包括比亚迪、华为、富士康、宇通客车等500多个供应链金融项目,为超过8000家核心企业上下游的中小企业提供了融资服务。

当前,中国银行的供应链金融业务产品已经形成多层次、多种类互补的发展现状,从大类上划分,主要可以分为应收账款保理融资、应付账款及货押融资两种不同的类型。

一、应收账款保理融资

中国银行的应收账款保理融资主要包括国内商业发票贴现、出口商业发票贴现、融易达和融信贷四种供应链金融产品。

（一）国内商业发票贴现

该业务是指卖方将其与买方订立的货物销售、服务或工程合同项下产生的应收账款转让给中国银行，由中国银行为卖方提供贸易融资、应收账款催收、销售分户账管理等服务。

该业务产品可以加快卖方资金的周转速度，因此，对于那些流动资金有限、需要改善资金状况的融资企业比较有吸引力。其具体流程主要包括：

（1）中国银行与卖方签订《国内商业发票贴现协议》。

（2）卖方发货出单，向中国银行提交贴现申请书，并将相关应收账款转让中国银行。

（3）在完成单据及贸易真实性核查后，中国银行将会为卖方发放融资。

（4）在应付账款到期后，买方需要按照中国银行指定路径付款，中国银行在扣除融资本息和相关费用后，需将余额交付给卖方。

（5）融资到期前，买方应完成付款，如到期后还未付款，中国银行可向卖方追索融资本息和相关费用。

（二）出口商业发票贴现

该业务是指出口商将现在或将来的基于其与进口商（债务人）订立的出口销售合同项下产生的应收账款转让给银行，由银行为其提供贸易融资、应收账款催收、销售分户账管理等服务。

该业务产品能够让出口商尽早得到融资款项，加快资金周转速度。通过贴现业务尽早得到融资，还可以避免因市场汇率变化带来的汇率风险。对于投保信用险的出口商，授信准入标准还会有所放宽，能够帮助出口商更容易获得融资。对于那些在出口赊销项下遭遇资金周转问题的出口商，该业务产品是一个不错的选择。

（三）融易达

该业务是指在以赊销为付款方式的交易中，在基础交易及应付账款无争议的前提下，中国银行占用买方授信额度，为卖方提供无追索权的贸易融资业务。

该业务产品是供应链上核心企业为其上游供应商提供增信支持,中国银行占用核心企业的授信额度来为上游供应商提供融资的一种供应链金融产品。在申请融资时,除了核心企业的资信要达到中国银行的准入标准外,上游供应商也要具备一定的履约能力和市场竞争力,同时还要与核心企业具有良好稳定的合作关系。

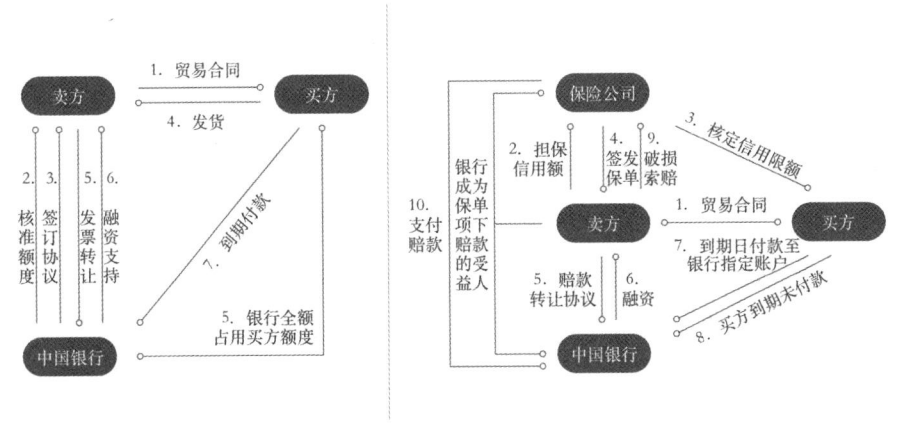

融易达产品流程图

(四)融信达

该业务是指中国银行对出口商已向中国出口信用保险公司或经中国银行认可的其他信用保险机构投保信用保险的业务,凭相关单据、投保信用保险的有关凭证、赔款转让协议等为出口商提供的资金融通业务。

根据中国出口信用保险公司的经营范围,该业务可以分为短期融信达和中长期融信达两种;根据是否保留追索权,该业务又可分为有追索权的融信达和无追索权的融信达。

二、应付账款及货押融资

中国银行的应付账款及货押融资业务主要包括订单融资、销易达和融货达等供应链金融产品。

（一）订单融资

该业务是指为支持国际货物贸易项下出口商和国内货物贸易项下供货商备货出运，应卖方的申请，根据其提交的销售合同或订单向其提供用于订单项下货物采购的专项贸易融资。

该业务产品可以满足供货商备货的融资需求，减少供货商的资金占用，增加贸易机会。在申请订单融资时，必须以具有真实贸易背景的交易为基础，相关订单的内容也要清楚、明确。

（二）销易达

该业务是指在以款到发货、货到付款或赊销为结算方式的交易中，供应链中的核心企业为扩大销售、加速资金回笼，为其认可的下游企业提供授信支持，在核心企业同意下游企业未按期偿还融资本息及相关费用时承担还款责任的前提下，中国银行全额占用核心企业授信额度为其下游企业提供融资。融资款项主要用于下游企业向核心企业支付货款。

通过与核心企业的信用捆绑，供应链下游企业可以更好地从银行获得融资，从而缓解自身的融资压力。而核心企业对下游企业提供授信支持，也可以帮助自身扩大销售，减少应收账款，从而优化企业的财务报表，为买卖双方都带来便利。

（三）融货达

该业务是指在贸易结算业务项下，凭中国银行可接受的货物/权利作为质押为客户办理的贸易融资业务。

该业务产品有别于不动产抵押和第三方担保，开辟了一种新的授信渠道，可以有效解决中小企业融资难的问题，满足存在授信瓶颈客户的融资需求。其业务品种主要有进口开证/押汇、进口代收押汇、汇出汇款融资、国内信用证开证/买方押汇及汇出汇款（国内贸易）融资，商品种类则包括汽车、钢铁、化工产品、农林产品、有色金属、黑色金属、能源等七大类。

近年来，随着互联网技术的发展，供应链的运作模式也在不断发生改变。中国银行顺应潮流，不断加快供应链金融在线平台的建设，研发出了拥有前端电子渠道和后台操作系统的供应链融资系统，不仅简化了融资申请的流程手续，还大大提高了融资业务的处理能力。迄今为止，中国银行的供应链金融系统已经服务了多种行业的多个知名企业，取得了很好的成绩。

第三节　平台模式：建立可信赖的金融平台

在互联网金融发展的潮流之中，供应链金融发展几经更迭，线下的供应链金融业务逐渐转移到线上，而后又逐渐形成平台化运作模式。当前，以互联网金融平台为核心的产业供应链金融已经成为供应链企业开展融资业务的主要方式。

互联网时代的供应链金融，必须要扎根于产业之中，只有做到产业与金融相结合，才能取得更好的发展。其未来最为理想的运营方式应该是依托大数据技术构建供应链金融平台，同时以供应链金融平台去连接整个产业生态，从而构建起垂直领域内的闭合金融生态系统。

供应链金融生态平台需要政府、企业、行业协会等多方参与，广泛融入互联网及物联网技术。一个完整的跨企业、跨行业和跨区域的金融生态平台，可以让其各类主体都享受到不同类型的金融服务，在促进各类主体不断发展的同时，提高整个金融生态平台的综合竞争力。

供应链金融平台的有效构建需要做好多个方面的核心工作，在技术服务方面，需要不断完善风控体系、法律体系、支付结算体系，科学的平台架构设计也是一项重要的技术工作；在核心企业方面，要充分考虑并明确业务的资产定位、盈利模式、成本测算及运营团队，同时还要充分借鉴行业内的丰富经验。

总的来说，供应链金融平台的构建是一项复杂的工程，只有将技术应用与业务产品完美融合，才能创造出最大的商业价值。同时，平台方也需要做好供应链各个参与方的协调工作，帮助核心企业、中小微企业和金融机构等方实现共赢。

实例分析：中金云创供应链金融平台系统

中金云创供应链金融平台系统通过线上化，以核心企业供应链真实交易为背景，基于核心企业的整体授信，实现资金端与资产端的对接，配备完善的风控体系，解决中小微企业融资难的困局，可以提高核心企业供应链体系的核心竞争力，帮助核心企业实现战略转型。

在技术层面上，中金云创供应链金融平台系统基于互联网开发技术，采用 J2EE 的 B/S 架构，前端对外平台以互联网思维为设计思想，管理后台则以强风控、强监管为设计要素，形成外部业务开展及内部业务监管的双层体系架构。同时，系统采用了电子签名认证体系及银行存管户管理等技术，可以全面满足供应链金融业务的线上化开展。

根据供应链金融业务的开展需要，中金云创供应链金融平台系统主要提供应收账款融资、存货质押融资、预付款融资业务。根据核心企业战略布局的不同，平台构建者在构建供应链金融平台时可以选择不同的业务模式进行灵活配置。

中金云创供应链金融平台系统

供应链金融业务的开展，由于涉及大额资金的交易，因此，对于系统的安全和资金的往来都有比较高的要求。中金云创供应链金融平台系统通过银行账户体系，实现监管户和虚户的全面资金管理，其系统安全性可达到银行级的安全要求。同时，该系统的前端外部端和后台管理都采用了全面的安全管理技术，可以充分保障供应链金融平台的安全、高效运行。

在供应链金融业务的开展过程中，交易协议的签订需要实现不可抵赖性，这样才能保障供应链金融平台运作的稳定。在互联网金融技术的加持下，中金云创供应链金融平台系统采用强大的身份认证体系和加密技术，为供应链金融业务的开展提供了必要条件。

作为供应链金融业务的核心，在风险控制方面，中金云创基于供应链金融平台系统，在建立全面的风险控制管理体系的同时，还建立了客户、业务开展多层次的风险管理模型。通过这两方面的工作，便可以实现全面的风险控制。

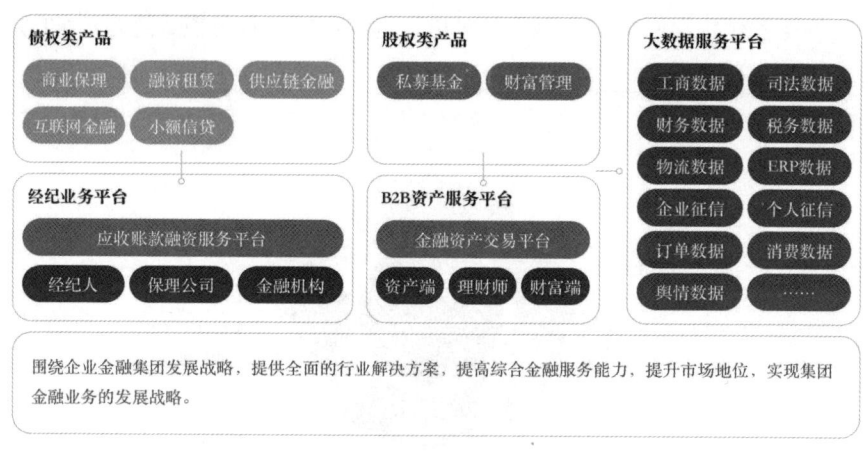

中金云多层次风险管理模型

在上述措施并举的同时，平台建设方可以根据自身的平台构建及运营模式定位，来选择建设 1+1+N、N+1+N、N+N+N 的运营模式，既可以建设以核心企业为中心的供应链金融平台，也可以建设由第三方平台运营的多供应链金融平台。可以说，各类平台建设方都可以根据自己的规划定位和建设要求，构建起自己的供应链金融平台。

第四节　产业供应链金融新模式的典型代表

一、中国—东盟信息港股份有限公司——信易链平台

"信易链"是中国—东盟信息港股份有限公司(下称"中国东信")着力打造的一个供应链金融服务平台,其主要为各方提供各领域的供应链金融科技服务。通过区块链、大数据和人工智能等新技术助力普惠金融,聚焦优质核心企业产业链及生态圈,致力于提供合规、高效、安全、共赢的供应链金融服务。

对于产业方来说,信易链可以更好地保障资金在产业链上的流动性,防止出现资金链断裂引发的产业链断裂现象。对于资金方来说,信易链可以汇总产业链上的真实贸易信息,降低资金方信息核查的成本。从整体上来看,信易链平台充分做到了传统产业与互联网金融的结合,对于解决中小微企业融资问题具有重要意义。

信易链平台的一个显著特征就是采用了区块链技术"交易溯源、不可篡改"的属性,将资金方、核心企业与供应商连接在一起。整个供应链金融平台以电子信用支付凭证"E信"为载体,实现了金融资产的数字化确权、上链信用流转以及在线资金融通等多种业务功能。

(一)平台构建

在平台构建方面,信易链供应链金融平台主要具备技术体系先进、金融模式全面、资金结算高效和法律体系完善等优势。

1. 先进技术的高可靠性

信易链供应链金融平台系统建构以 J2EE 体系为基础，采用多层结构设计、SOA 架构，可以多节点部署，满足高可用和高并发的要求。与此同时，该平台还支持微服务化和容器化，多节点容灾备份数据，还可以有效保障数据安全。

2. 多种金融模式全支持

产业链上各参与主体的业务流程，经过平台收集整理后，都会形成线上的工作流。根据真实的贸易情况，平台可以为参与主体提供应收账款融资、存货质押融资、预付款融资等全面的金融服务。对于不同类型的产业链，平台还会根据产业链的不同特性去定制产品流程，从而满足更多供应链金融业务的开展需求。

3. 资金结算体系的高效率

通过与众多商业银行合作，平台在资金账户安全方面具有较高规格，每一笔出现在平台上的供应链金融业务资金都能够实现高效、安全地流转。由于直接对接多家商业银行，供应链参与主体在融资成本上也会享受一定的优惠。

4. 全流程法律协议体系

通过强大的身份认证和电子签章技术，平台可以确保每一笔贸易合同的准确性。同时，融资全流程都配有完善的法律协议体系，可以确保每一笔贸易合同的合法性。在多重技术保障之下，平台之上的供应链金融业务得以合法有序开展。

（二）具体收益

从具体收益来看，信易链平台为不同供应链参与主体所带来的效果并不是相同的。

对于核心企业来说，信易链平台可以降低其产业链成本，帮助其发展金融业务，为其创造出新的利润增长点。同时，通过签发电子信用支付凭证的方式，核心企业可以有效延长账期，改善自身的现金流状况，优化财务报表。另外，通过信易链平台，核心企业还可以获取丰富的产业链数据信息，从而更好地认识和了解产业链，进而提升自身对整个产业链的把控力。

对于供应商来说，在信易链平台上，可以借助核心企业的信用进行融资，在应收账款逐层拆分传递的过程中，可以有效降低自身的融资成本。应收账款的任意拆分还可以帮助供应商迅速清理"三角债"，有效提高其资金周转和运营的效率，降低其生产成本。此外，信易链平台上的融资申请和资料采集全部在线上完成，这可以为供应商减少许多不必要的准备工作，帮助其快速获得融资资金。

对于资金方来说，在信易链平台上，通过核心企业的信用传递，其可以快速进入长尾市场之中。核心企业的闲置授信在平台上可以为相关联的中小企业提供增信支持，资金方在为中小企业提供融资时，不仅可以获得较多的融资利润，同时也能顺利完成普惠金融的目标。

2018年12月26日，中国东信信易链平台成功为启迪协信科技城投资集团发放499万元的"建工券"，作为信易链平台助力中小企业资金融通的重要实践，该笔业务也标志着中国东信在互联网金融科技领域的探索取得了初步成功。

二、铁建银信：解决多级供应商融资困境的核心利器

铁建银信平台是中国铁建资产管理公司精心打造的供应链金融创新平台，自2017年9月上线以来，在行业内引起了广泛关注。截止到2018年2月底，已经有13700余家供应商成功入驻平台，短短半年时间开具银信的金额就达到80亿元，为供应商累积融资近50亿元。

在传统的金融模式和政策影响下，中小微企业在融资方面始终受到"融资难、融资贵"问题的困扰，很难获得持续发展的助力。近年来，在党中央和国务院的高度重视下，明确提出一系列政策，要通过大力发展普惠金融来解决中小微企业的融资问题。铁建银信正是在这种背景下应运而生，恰逢区块链、大数据技术在近年来获得较大发展，使得铁建银信平台受到了众多中

小微企业的青睐。

正如前面提到的一样，铁建银信平台并不同于传统的供应链金融平台，其以铁建银信业务为依托，以真实贸易背景为前提，运用自偿性贸易融资，通过应收账款转让等方式，为供应链上下游企业提供综合性的金融服务和产品。在大数据、区块链和人工智能技术的加持下，铁建银信成为具有"高信用、易融资、低成本、可拆分、可流转、全线上"特征的新型供应链金融平台。

铁建银信是中国铁建各单位向供应商开具的体现基础合同交易双方之间债权债务关系的电子信用凭证，同时也是中国铁建各单位在基础合同项下支付义务向供应商提供的在约定时间完成付款的承诺函。

对于供应商来说，其手中持有的铁建银信既可以到期自动收款，也可以将其全部或部分转让给上游的供应商来抵销债务，同时还可以用来申请保理融资提前收款。在银信的转让融资过程中，供应商可以根据自身需求，选择拆分转让或拆分融资，这种操作可以让银信的使用更加灵活，在成本方面也会更为划算。

具体来说，由核心企业向供应商开具的铁建银信（应付账款电子凭证），可以帮助产业链上的供应商提供信用流转和融资服务，而在铁建银信平台上，供应商的融资需求可以通过线上整合，而后向金融机构打包议价，这样不仅能够简化融资申请流程，还能缩短金融机构的放款周期，降低融资的成本。

在融资成本问题上，打包议价和拆分融资是铁建银信平台的两个独特优势。

打包议价是指铁建保理在收集银信项下的应收账款后，与金融机构进行统一议价，利用铁建整体的信用进行议价，能够让铁建平台获得较强的议价能力，进而可以降低各级供应商的融资成本。

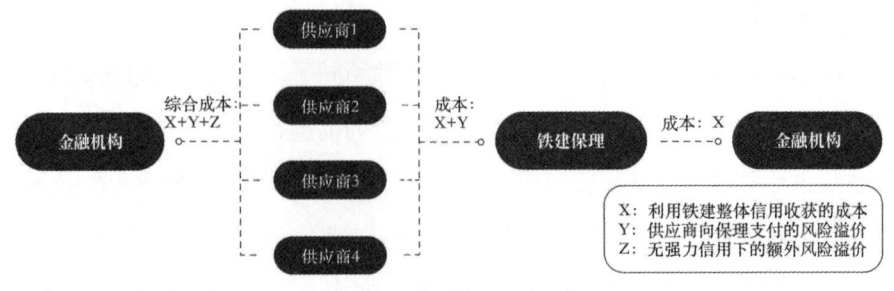

铁建银信的平台

拆分融资是指银信持有人通过精细的资金计划，通过分期的方式来进行铁建银信融资，这样也可以大幅度降低融资的成本。对此，铁建银信手册上介绍了一种示例：用一张期限为180天、额度为100万元的铁建银信，按照年利率7.2%，来进行融资变现。不进行拆分融资，融资比例为100%的话，需要支付36000元的利息。如果根据需求进行拆分融资，第一次按30%比例融资，60天后再融30%比例，120天后再融30%比例，最后在第180天融完最后的10%比例。这样经过多次拆融，可以节约贴现利息14400元，只需要支付21600元利息即可。

此外，铁建银信平台还会根据不同贸易活动不同环节的具体需求来定制金融产品服务。由于整个供应链的业务流程都被转移到了线上，铁建银信平台还可以通过实时的动态数据收集，来帮助金融机构解决银企信息不对称问题，让平台上中小企业的融资需求更容易被金融机构通过。

在中国铁建的信用支持下，铁建银信平台实现了服务在线化、营销网络化、流程标准化和风控自动化，构筑了一个覆盖全产业链的开放、共享的供应链金融平台。铁建银信平台的金融服务可以下沉到更多层级的供应商身上，为产业链上下游企业带来便利的金融服务。

三、河钢铁信：与集采平台相结合的全新结算方式

河钢金融以集团上榜全国供应链创新与应用试点企业为契机，深入推进供应链金融平台建设，充分发挥供应链采购平台"铁铁物联"和无车承运平台"铁铁智运"两个平台的作用，为集团降低采购成本、物流成本提供了有力的平台支撑。

河钢供应链管理平台主要面向钢铁备件的供需双方，是一个集采购交易、结算服务、业务协同和增值服务于一体的综合性网络信息化服务平台。其具体功能主要有大宗采购、集采询比价、订单合同和财务管理。

其中，大宗采购主要是河钢集团采购总公司面向供应商发布招投标信息、签订电子合同以及进行大宗物料的结算；集采询比价则是河钢集团联合下属子公司对备品备件的物料进行集团采购的招、投标；订单合同是河钢集团及其下属各子公司与供应商达成合作共识后，进行电子合同签订以及结算；财务管理则主要是台账管理和付款计划管理业务的结合。

河钢铁信是河钢集团推出的一种类似于商业汇票的全新结算方式，其是河钢集团及其所属企业在与供应商发生真实采购业务的基础上，由河钢供应链管理平台开具的体现双方真实贸易关系的信用凭证。

供应链金融模式下的信用凭证

当供应商根据订单内容顺利完成交货后，其便可以在合同约定的时间获得河钢铁信凭证，以此来迅速回笼货款。当供应商所持有的河钢铁信到达指

定期限时，便可以收取与铁信凭证所对应的相应资金。

而如果供应商在持有铁信期间，需要进行融资，便可以凭借自己所持的铁信，在河钢供应链管理平台上自主选择河钢商业保理有限公司或与河钢集团存在合作的商业银行来办理融资。

作为一种电子信用凭证，河钢铁信也具有"可持有、可流转、可拆分、可融资"等特征。

供应商所持有的河钢铁信是一种有价凭证，其可以将铁信作为货款，流转给其上游的供应商。具有融资需求的供应商，也可以依靠手中持有的铁信凭证，在河钢供应链管理平台上办理低成本的融资服务。同时在平台内，供应商可以将手中的铁信凭证进行任意拆分，拆分后的铁信凭证可以根据其自身需要用于货款支付、融资或收取到期现金。

无论是流转、融资，还是拆分使用，都可以在河钢供应链管理平台上完成，全流程线上操作，方便快捷。想要使用铁信的供应商，只要在河钢供应链平台完成注册、开户和审核，便可以享受铁信平台提供的金融服务。

第五章　区块链赋能供应链金融

第一节 区块链
——核心技术自主创新的突破口

2019年10月24日,在中央政治局第十八次集体学习中,中共中央总书记习近平强调,在新的技术变革和产业变革中,区块链技术的集成应用发挥着重要作用。我国应该将区块链作为核心技术自主创新的重要突破口,着力攻克一批关键的核心技术,推动区块链技术和产业创新发展。

到现在,大多数人对区块链技术已经不那么陌生,区块链技术的应用场景也得到广泛延伸。当前,全球各主要国家都在加快布局区块链技术,我国在区块链领域拥有良好的应用基础,更需要加快推动区块链技术和产业的创新发展,只有区块链技术和我国经济社会发展相融合,才能为更多产业领域赋能,最终突破核心技术研发的瓶颈。

为什么区块链技术被如此推崇?它究竟是一种怎样的技术?

作为比特币的底层技术,区块链从本质上来讲,是一种去中心化的数据库,其通过这种去中心化和去信任的方式,来集体维护一个可靠的数据库的技术方案。简单来说,它就像是一种全面参与记账的方式,整个数据库就是一个"大账本"。

举例来说,在一家公司中,记账往往是财务的工作。在这种系统中,财务人员在很大程度上决定着账目的真实性和可靠性,因为记账的权力掌握在他一个人手中。

而在区块链系统中,每一个人都有机会参与记账。最终,系统会选择记账记得最好的人，并将他记录的内容写到账本上，随后将这段时间中的账本内容分发给系统中的每一个人。这样，系统中的所有人就都会拥有一本完整的账本。

这种模式所讲的就是区块链技术，其凭借密码学和数学巧妙的分布式算法，在不要求第三方参与的情况下，以极低成本解决了信任与价值的可靠性传递难题。

2008年11月1日，中本聪在《比特币：一种点对点的电子现金系统中》一文中提到一种全新的电子现金系统——比特币。2009年1月3日，序号为0的比特币创世区块诞生。随后在2009年1月9日，序号为1的比特币区块也随之诞生。序号为1的比特币区块诞生后，与序号为0的比特币创世区块间形成了一种相互连接的链，区块链由此诞生。

近年来，比特币犹如过山车一般，时而被人们捧上云霄，时而又被人们弃如敝屣，但作为比特币底层技术之一的区块链技术却从诞生那时起，就得到了人们的重视。不只是中国，世界其他国家也对区块链技术创新也加大了投入。

英国政府在2016年发布了长达88页的《分布式账本技术：超越区块链》的白皮书，其中详细论述了区块链技术未来的发展潜力，同时考虑将这种技术应用到金融领域，来减少金融欺诈风险的出现。

荷兰也在2016年成立了区块链园区，在区块链技术开发中，银行和金融公司通力合作，广泛探索区块链技术在支付和互联网金融领域中的应用。

美国对区块链技术的创新研发也持有支持的态度，在2017年，美国国会宣布成立国会区块链决策委员会，并承认区块链技术存在的发展潜力，呼吁将区块链技术应用在政府公共部门中。到了2019年，美国参议院商业、科学和交通委员会又批准了《区块链促进法案》，来为区块链技术制定监管框架，并更好地推动区块链技术的研发进程。

同样在2019年，德国联邦政府也发布了本国的区块链战略。德国联邦政府希望可以利用区块链技术带来的机遇，促进本国经济社会的数字化转型。

我国早在2016年的《"十三五"国家信息化规划》中，就将区块链技术列为战略性前沿技术，而到了2018年，工信部在《工业互联网发展行动计划（2018—2020年）》中，更是鼓励区块链等新兴技术在工业互联网中的应用研究与探索。

到了2019年，我国对区块链技术研发的重视得到进一步增强。中共中央总书记习近平在中央政治局第十八次集体学习中，对区块链技术研发做了一系列重要论述。

习近平强调要加强区块链的标准化研究，从而提升国际话语权和规则制定权。在先进技术的探索研发中，标准制定是一项至关重要的工作，这一点在电子通信领域表现得尤为明显。美国之所以能够在4G时代中占据主导地位，正是因为其掌握着4G的技术标准。

习近平强调要加快产业发展，充分发挥市场优势，构建区块链产业生态，加快区块链、人工智能、大数据、物联网等技术的研发进程，同时推动这些技术深度融合，进而应用到更多的场景之中。区块链作为一种去中心化的数据库，可以与大数据技术、人工智能技术和物联网技术形成协同效应，从而在更多应用场景中落地，为更多行业领域赋能。

最后，习近平还强调要抓住区块链技术融合、功能拓展和产业细分的契机，推动区块链与实体经济融合，从而解决中小企业融资难融资贵、银行部门风控体系构建困难、监管部门监管不严等问题。

当前，我国正处于产业升级的关键阶段，区块链技术与实体经济深度融合，会为实体经济带来新的改变。中小企业融资难、银行风控难、部门监管难这些问题出现的一个重要因素就在于：融资各个环节信息的不对称、不透明，而区块链技术的去中心化特征可以很好地解决系统中的信任问题，此外，系统各环节的信息具有不可篡改性，也为系统安全提供了重要的保障。

因此，区块链技术在供应链金融领域的应用，将会极大地改变供应链金融的发展态势，在推动供应链金融快速发展的同时，还会为供应链金融带来新的模式。

第二节　区块链助力供应链金融落地

供应链金融是一种为供应链上各企业提供融资服务的金融服务模式。依托核心企业的信用授信，供应链上的中小企业可以更容易地从金融机构那里获得融资，维持生产运营的稳定。近年来，商业银行、核心企业、物流企业和第三方服务商都在发力供应链金融，这使得供应链金融市场迎来了一波久违的"小阳春"。

之所以说是久违的"小阳春"，主要是因为供应链金融在我国的发展历史已经有 20 多年，但在这段时间里，供应链金融的发展却始终没有形成一种大的趋势和潮流。而这一次之所以迎来新的发展热潮，很大程度上是因为新供应链金融模式的出现，以及区块链技术的赋能。

随着我国经济的快速发展，一些此前并不显著的问题，逐渐成为一种普遍的现象，小微企业融资难、融资贵问题就是其中最显著的一个。

由于自身信用不足，又缺乏足够的抵质押物，小微企业很难从银行等金融机构那里获得融资。即使融资申请得到批准，小微企业也会遇到融资贵、融资慢等问题。这些因素严重制约着我国小微企业的发展。

供应链金融的出现，在一定程度上缓解了小微企业的融资困境，它们开始可以借助核心企业的授信从银行等金融机构那里获得融资。但在传统的供应链金融模式中，能够在供应链中获得融资服务的主要是一级供应商，很多时候，这些供应商并不算小微企业，真正的小微企业在供应链上的更低层级中，它们可能是三级供应商、四级供应商，甚至是距离核心企业更远的供应商。

真正需要融资服务的它们，在传统的供应链金融模式中并不能获得融资帮助，这也是传统供应链金融模式效果有限的一个重要原因。其中的主要问题在于核心企业的信用无法在供应链上进行多层级传递。

银行在做供应链金融时，其所获得的数据信息主要是核心企业和一级供应商提供的。核心企业虽然掌控着整个供应链，但很少有核心企业直接与下游小微企业接触，这就使得银行没办法从核心企业那里获得整个供应链上的数据信息。

数据信息缺失、信息不对称等问题，使得银行在面对供应链下游的小微企业的融资申请时，很难进行风险控制。为了避免融资风险的发生，银行大多数时候会拒绝为增信不足的小微企业贷款。

这种情况导致银行在开展供应链金融业务时，会受到较多制约和限制，这也是我国传统的供应链金融发展缓慢的一个主要原因。

随着区块链技术的出现，以及对这一技术应用场景的探索与研究，人们发现"区块链 + 供应链金融"是解决供应链金融发展困境的一个重要方法。

在某种程度上来看，供应链金融与区块链技术存在一些天然的契合点。结合了区块链技术的供应链金融，可以将核心企业的信用沿着供应链上下游逐层传导到末端，为处于最低端的小微企业提供授信支持，这样便可以提高小微企业的融资效率，降低小微企业的融资成本，确保整个供应链的和谐稳定发展。

在《区块链与供应链金融白皮书》中，以区块链技术作为供应链金融的底层技术，被认为是解决供应链上存在的信息孤岛难题，释放核心企业信用，提高供应链融资效率和供应链上资金运转效率的重要解决方案。区块链技术对供应链金融的赋能，也更多体现在这里。

在一个以区块链技术作为底层技术的供应链金融模式中，区块链将会连接供应链上的各个企业和金融机构，无论是核心企业，还是处于供应链末端的小微企业，都能通过区块链进行连接。这样，在整条供应链上完成的各种交易信息，就会被完整地记录在区块链上。

同时，由于区块链上的数据是被多方记录确认，又具有不可篡改、不可抵赖和可以追溯的特性，因此，即使供应链上的应收账款出现拆分转让的情况，也可以在区块链上追溯到最初的原始资产。这一点无论对供应链上的核心企业，还是对小微企业，或银行等金融机构，都是具有极大好处的。

应用了区块链技术的供应链金融，给小微企业带来的益处，在于降低了融资成本，提高了融资效率，进而帮助小微企业能够更好地融入整个供应链，不断扩大企业的生产规模。而对于核心企业来说，这种供应链金融能够提升核心企业对整个供应链的管理，提高供应链的运转效率，更重要的是帮助核心企业优化账期，改善现金流和负债表，提高企业的盈利能力。

相比于对企业的帮助，应用了区块链技术的供应链金融对银行等金融机构的帮助要更大一些。商业银行参与供应链金融的一个最大困扰就是供应链上信息不对称的问题，区块链技术将供应链中的各类交易信息全部记录在链上，银行可以轻松获取每一笔交易信息，以及交易双方的具体情况，这就规避了信息不对称的问题。由于区块链上的信息是不可篡改、不可抵赖的，这就又在风险控制方面为商业银行提供了保障。

从结果上来看，"区块链+供应链金融"可以帮助商业银行更好地掌握小微企业的信息，提升自身的获客能力，减少不必要的贷款审批流程，大大提高商业银行的贷款效率。

我国中小微企业的发展潜力巨大，如果解决了"融资难、融资贵"的问题，我国经济将会在中小微企业的推动下进入新的发展阶段。

第三节　嫁接在区块链技术下的供应链金融

为什么一定是供应链金融呢？因为，对于供应链金融最庞大的使用者——小微企业而言，它们确实没有太好的金融解决方案。

一直以来，我们都很难为小微企业解决金融问题，即便顶层设计三番五次调整政策，但小微企业普遍的融资难问题依旧得不到解决。究其原因，就是小微企业本身的一些弱点：信用不足、抵质押物不足、信息不对称。

而供应链金融的出现，正好解决了这些问题。供应链金融就是银行围绕核心企业，管理这个链条中的上下游中小企业的资金流和物流，以核心企业的信用做背书，向链条中的小微企业提供贷款的金融服务。

因此，我们可以看到，供应链金融的本质就是支付，一方面是进行融资，另一方面是进行资金的结算。结算类业务就是从代收货款到垫付货款，而融资业务就是从贸易融资到物流融资。

因为物流可以俯瞰整个产业链条，因此，物流金融的在完成支付的同时又可以进行监管。所以监管的落脚点在物流上面，不管是控权还是控货，都是对整个供应链过程的描述。

供应链描述的是一个很大的市场，这个大的市场分为两类：一类叫作商品供应链，一类叫作运力供应链。商品供应链的意思就是：怎么买？买来以后怎么卖？买卖过程中都会涉及资金的沉淀、资金的转移或者信用的转移。

从供应链的概念来讲，即该如何去寻求一个供应链的增值活动；从金融角度来讲，这个增值是在看它的信用有没有增加；从信用增加的角度来讲，又该如何看它最基本的数据。这是未来我们可能要去研究的。

从商品的另外一个角度来看，采购、供应、销售或者是从买回来生产到进行销售，每一个环节都有资金的需求，这种需求的关键点可以视为如何去增信。

很多做物流金融、供应链金融的企业，它的核心无非是刚刚提及的金融结算类业务和融资类业务两种，而融资类业务里面除了物流的存货质押融资，其余都是信用融资。

对很多搞平台的人来讲，物流企业基本上都是小、散、差，没有经验，信用没有数据的。但是这个市场又在那里，而我们的融资企业又是"嫌贫爱富"的。如果现在的金融机构不变，银行的管理体系、管理模式不变，那么就一定会被淘汰。

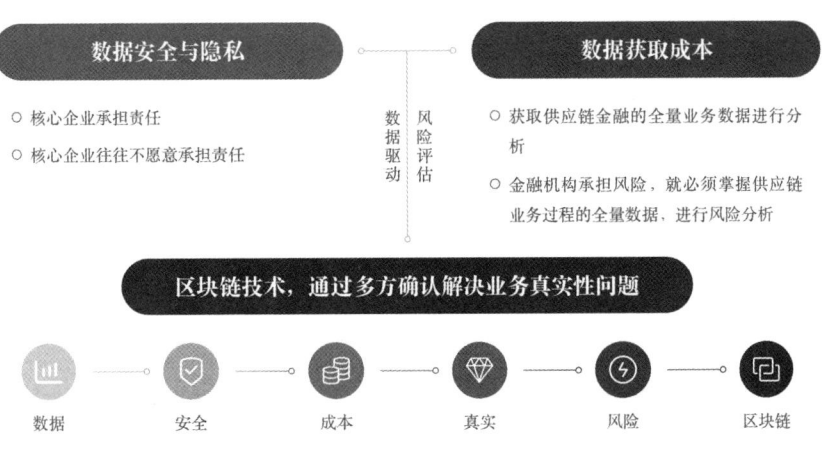

嫁接在区块链技术下的供应链金融

一、供应链金融在实践过程中遇到的难题和痛点

不过，供应链金融在实践的过程又遇到了很多难题和痛点，总结如下：

（一）供应链上存在很多信息孤岛

同一供应链上企业之间的 ERP 系统、账务系统较难统一，导致企业间信息并不互通，信息孤岛开始涌现，制约了很多融资信息的验证。

（二）核心企业信任并不能有效传递

根据合同法，核心企业是跟一级供应商签订合同，但是一级供应商和二级供应商签订合同时并没有核心企业参与，并不能传递相关的核心企业的信任到多级供应商。

（三）银行缺乏可信业务场景

由于中小企业无法证实贸易关系的存在，在现存的银行风控体系下，难以获得银行资金。相对地，银行业也无法渗透供应链进行获客和放款。

（四）融资难融资贵现象突出

在目前赊销模式盛行的市场背景下，供应链上游的供应商往往存在较大资金缺口，然而没有核心企业的背书，他们难以获得银行的优质贷款。

（五）合同履约并不能自动完成

现在很多约定结算没有自动完成，涉及多级供应商结算的现象，因此，不确定性因素也较多。

供应链金融在之前一直没有被重视，就是因为无法解决上面的问题，而现在，区块链技术的出现或许可以为我们更好地解决这一点。

大数据＋物流等于供应链的可追溯，物联网＋金融等于监管监控的透明化、可视化，大数据＋金融等于信用管理风控管理，能真实反映业务的真实性、长期性、异常型，反映融资企业的基本运营状况和盈利能力。

而区块链＋金融等于对小微企业机构交易的不可篡改性、隐私性，将有助于解决小微企业融资难的问题。

以区块链技术为底层的供应链金融解决方案，能确保数据可信、互认流转、隐私保护，解决供应链上存在的信息孤岛难题，释放核心企业信用到整个供应链条的多级供应商，提升全链条的融资效率，降低业务成本，丰富金融机构的业务场景，从而提高整个供应链上的资金运转效率。

通过区块链连通供应链中的各方企业和金融机构，完整真实地记录资产的上链、流通、拆分和兑付。由于区块链上的数据经多方记录确认，不可篡改、不可抵赖、可以追溯，从而实现应收账款的拆分转让，并全部能够追溯至登记上链的初始资产。

对于小微企业，此方式显著降低了融资成本，凭证上链便捷，可拆分转让。对于核心企业，它又优化了账期，改善现金流与负债表，提升供应链效率，加强供应链管理。而金融机构则获取了小微业务助手，提升获客能力，也无须复杂流程。

供应链与区块链

结合区块链技术，能将核心企业的良好信用穿透到产业链的上下多层，能将核心企业信用沿着供应链上下游传导到末端，实现债权持有期间流转、贴现和到期兑付，极大地提升了小微企业融资效率，降低了融资成本。

二、引入区块链的优势

引入区块链能带来哪些优势呢？

第一，解决信息孤岛问题，多个利益相关方可以提前设定好规则，实现数据的互通和信息的共享。

第二，根据物权法、电子合同法、电子签名法等，核心企业的应收账款凭证是区块链上可流转、可融资的确权凭证，使得核心企业信任能沿着可信的贸易链路传递。基于相互的确权，整个凭证可以衍生出拆分、溯源等多种操作。

第三，提供可信贸易数据，比如，在区块链架构下提供线上化的基础合同、单证、支付等结构严密、完整的记录，提升了信息透明度，实现可穿透式的监管。

第四，实现资本降本增效。核心企业信任传递后，中小企业可以使用核心企业的信贷授信额度，获得银行的约 8%~10% 利率的融资。

第五，实现合约智能清算。基于智能合约的自动清结算，减少人工干预，降低操作风险，保障回款安全。

从整个信息流转来看，从以前的信息孤岛变成现在全链条的信息打通，从传统的核心企业只能覆盖一级供应商，变成能够覆盖多级供应商。基于加密数据的交易确权、基于存证的交易真实证明、基于共享账本的信任传递和基于智能合约的合约执行，形成回款封闭可控、穿透式监管、全链条数据打通的新生态，切实帮助中小微企业解决了"融资难、融资贵"的难题。

第四节 区块链技术赋能供应链实例

区块链自诞生以来,区块链技术研发就在全世界掀起热潮,技术研发者们始终在不断探索区块链技术的应用场景。

2016年,著名债券评级机构穆迪曾发布了一份名为《25个顶级区块链应用案例》的报告,其中记录了正在进行研发探索的近120个区块链项目,并列出了25个顶级的区块链应用案例,其中涉及金融、医疗、媒体、能源、房地产等多个不同行业领域。

到今天,区块链技术已经在诸多领域中展开应用,包括医疗卫生、食品安全、广告出版、供应链金融等领域都获益于区块链技术得到了新的发展。

在金融领域中,区块链技术的许多应用场景已经从概念设计发展到实践应用阶段。在当前的贸易金融和供应链金融领域,就有许多区块链技术落地应用的实例。

一、建行"BCTrade2.0区块链贸易金融平台"

2019年10月9日,中国建设银行正式发布了"BCTrade2.0区块链贸易金融平台"。早在2018年4月,建行的区块链贸易金融平台就已经上线。经过一年多时间的发展,该平台的累计交易量已经突破了3600亿元,可以为银行同业、非银机构、贸易企业等三类客户提供金融贸易服务。

相比于此前的区块链贸易金融平台,BCTrade2.0区块链贸易金融平台主要具有四个特色。

第一个特色是新功能。在原平台功能上，新的区块链贸易金融平台增加了再保理功能，商业保理公司可以在区块链平台上登记后进行交易。

第二个特色是新伙伴。建行旗下的全资子公司建信金融科技将会为新的区块链贸易金融平台提供运营维护服务，进一步确保平台的高效稳定运转。

第三个特色是新生态。通过与同行业其他银行进行跨链合作，新的区块链贸易金融平台可以与其他平台互联互通、相互融合，通过合作共同促进、相互补充。

第四个特色是新征程。通过"伙伴成长计划"，与同行业伙伴相互合作，共同推动区块链贸易金融向前发展。

可以看出，建行通过区块链技术来搭建贸易金融平台，让区块链技术更好地赋能贸易金融，从表层来看，可以改善金融服务水平，发展新金融服务，从更深层次来看，则是构建起了一个区块链贸易金融的生态圈。这一生态圈不仅服务于建行自身，也可以服务于银行同业、非银机构、贸易企业等不同种类的客户。

除了在贸易金融领域实现技术落地，区块链技术在供应链金融领域的技术应用也是比较多的。

二、IBM区块链商用服务

IBM全球融资部为了解决供应链的追根溯源问题，IBM决定用区块链技术对供应链进行改造。为此，IBM采用了开源区块链专案Hyperledger，基于私有链架构，设计了许可制来确认使用者的身份与认证。同时，将供应链上的交易资料，独立存取在区块链中，为了确保商业信息的隐私，只有通过准许的供应商和合作伙伴才可以到区块链中上传或查看资料。

通过此次供应链改造，以前难以管理的超过4000家供应商的大量交易资料，现在都可以利用区块链的分散式分类账作为交易的记录账本。同时，在交易过程中的下单时间、付款时间等重要时间节点也会被准确记录。

此外，区块链系统中自带的智能合约可以详尽掌控供应链中每一项工作的资金流运作。如果一份智能合约只接到了来自制造者的出货通知，而没有接到运输者的出货通知，那合约就会因为条件不足而无法履行。只有接收到来自制造者和运输者的两份出货通知时，系统才会自动履行合约条件。这种方式也可以在一定程度上确保供应链交易的安全性和稳定性，提高供应链的运作效率。

除了用区块链技术改造供应链交易外，2017 年 IBM 与马士基集团展开合作，又推出了新的区块链解决方案。

该区块链解决方案主要应用于海运和物流行业，通过将端到端的供应链流程数字化，从而帮助物流企业更好地管理和跟踪全球数千万个船运集装箱的书面记录。通过这一区块链解决方案，供应链中的贸易各方可以更加安全地共享贸易信息，整个供应链中的贸易信息透明度也将会得到显著的提高。

三、中国人民银行贸易金融区块链平台

2018 年 9 月 4 日，中国人民银行贸易金融区块链平台项目在深圳上线运行。该平台是基于区块链技术的贸易金融资产登记、托管、交易和流转平台，专注解决中小微企业融资难、融资贵的问题，同时还可以提高企业的融资效率。

依托区块链技术，该平台可以记录平台上发生的所有贸易融资业务的核心单据和关键流程，使得平台上的任何一个符合条件的参与者都可以快速获得真实信息。借助智能合约工具，还可以帮助交易各方快速完成交易流程，降低企业融资的总成本。

由于有金融监管部门参与其中，该平台可以帮助监管部门对平台上的贸易金融全流程进行全面监管。由于区块链技术可以保证底层资产的高度透明，监管部门便可以着重对贸易金融的系统性风险进行监控和识别，从而更好地防范互联网金融风险的发生。

经过一年多的发展，到 2019 年 10 月末，已经有 29 家银行、485 个网点

参与到该平台之中,有1898家企业在该平台上开展了业务,总的业务发生数达到5000多笔,业务量近750亿元。

从央行的计划安排来看,在实现了供应链应收账款多级融资、跨境融资、国际贸易账款监管等多项业务上链运行后,央行再贴现快速通道项目也将上链运行。此后,平台的业务场景将会得到进一步丰富,上链的银行和企业也会进一步增加。

2018年,供应链金融成为新的风口,立足于解决中下企业融资难、融资贵的问题,提高供应链运转效率,供应链金融模式层出不穷。同样在2018年,区块链技术获得迅速发展,一系列业务应用场景相继落地,让"区块链+供应链金融"成为可能。

2019年,区块链技术应用创新受到前所未有的重视,其与供应链金融的结合也必然成为行业研究的重点。当前区块链赋能供应链金融的成果已经初步显现,但在一些技术问题上,依然有待进一步研究。相信在当前的技术应用实践基础上,越来越多的"区块链+供应链金融"平台将会涌现出来。

第五节　腾讯的区块链方案

早在 2017 年，腾讯便发布了第一版区块链方案白皮书。作为较早入局区块链领域的大型互联网公司，腾讯经历了区块链横空出世时的备受追捧，也经历了区块链技术落地时的泡沫和低谷。在经历了一次次资本浪潮后，区块链重新回归技术本身，腾讯的区块链项目也从概念验证走向了规模化落地。

腾讯的区块链技术研发始于 2015 年，除了扎根于自主可控的区块链基础设施 TrustSQL 的建设中，腾讯区块链还在法务存证、游戏、医疗、税务等领域拓展其应用场景，追求更为安全高效的区块链应用。

近年来，腾讯在区块链领域的探索，一方面是在不断完善基础设施建设，另一方面则在不断推动"区块链+"行业解决方案的落地。从具体成果来看，当前腾讯区块链已经相继落地区块链电子发票、供应链金融、智慧医疗和法务存证等多个场景，腾讯微企链是腾讯区块链的杰出代表实例。

基于国家对扶持中小微企业发展，推进供应链金融创新的相关政策，腾讯与保理公司联易融共同建立了微企链平台。微企链是一个开放式供应链资产服务平台，其以腾讯区块链和财付通支付作为底层技术，同时搭配了资产审核系统 AMS 平台，以及标准化 ABS 工作流协同平台。

供应链上的核心企业和各级供应商是该平台的主要参与者，银行、信托、券商和保理公司也是平台运行必不可少的角色。通过微企链平台，各参与者可以轻松实现应收账款的拆分、流转和变现，提升资产配置的效率和流动性，从而降低中小微企业的融资成本，真正实现普惠金融。

相比于传统的供应链金融模式，腾讯区块链在应收账款融资方面具有很多创新之处。通过区块链技术，微企链解决了供应链金融市场各参与方的诸多痛点。

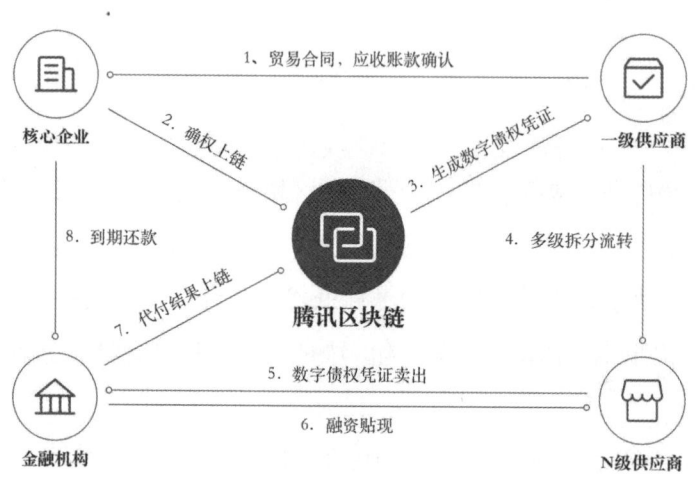

腾讯区块链供应链金融逻辑图

核心企业通过微企链可以降低采购成本，增强对供应链全产业链条的掌控力；中小微企业可以通过微企链拓展融资渠道，依靠核心企业的授信还可以降低融资成本，提高融资效率；银行等资金提供方通过微企链可以拓宽获客渠道，收获大批量小微企业客户，并获得多元化的风险控制手段。

一、实际操作

在实际操作中，微企链提供的具体解决方案主要分为以下几个步骤实现。

（一）审核确认

为了能够进一步确保贸易背景的真实性，一级供应商往往需要将自己与核心企业间的应收账款通过资产网关进行线上电子审核。

（二）确权上链

在一级供应商将应收账款进行线上电子审核后，核心企业就需要对该应收账款进行确权。在确权无误后，再将其进行数字化上链。

（三）数字债权凭证生成

在完成应收账款确权上链环节后，微企链会生成核心企业和一级供应商的数字债权凭证。

（四）流转拆分

数字债权凭证可以在链上流通，供应商可以将该数字债权凭证进行拆分流转，将其流转给上游的供应商。

（五）卖出或持有

每一级供应商手中有数字债权凭证后，都可以选择将其卖出或持有到期。如果供应商认为自己手中的资金充足，便可以持有数字债权凭证，在到期后再进行资金兑换；如果供应商需要资金来扩大生产，便可以卖出手中的数字债权凭证，来获得资金。

（六）融资贴现

当收到供应商提供的数字债权凭证，并签收完成后，金融机构需要对供应商进行融资贴现，并完成资金代付流程。

（七）结果上链

为了保证信息的真实性和不可篡改，金融机构在对供应商完成融资贴现后，其贴现代付的结果会一并上链。

（八）到期还款

等到应收账款到了还款日期时，核心企业需要将相应的资金还款到金融机构或是持有到期数字债权凭证的供应商手中。

可以看出，微企链提供的解决方案通过区块链将供应链各参与者连接在一起，同时利用区块链技术完整真实地记录链上资产的发行、流通、拆分和兑付，凭借区块链的不可篡改、不可抵赖和可追溯特性，使应收账款的拆分转让可以追溯到登记上链的初始资产。

这种方式可以实现供应链金融中的信用穿透问题，提升供应链上的资金流动性，由此，供应链上中小企业的融资成本也会随之降低。可以说，这正是顺应国家政策，促进供给侧结构性改革的创新手段。

二、技术特点

从技术特点上来看，腾讯微企链在整体架构方面，还具有一些突出特点。

（一）资产网关平台的存在

资产网关平台作为第三方，可以对链下资产进行审核和见证，确保链上资产和链下资产更好地对接。

（二）多重签名的中间账户技术

多重签名的中间账户技术被应用在资产转让的过程中。当发生资产转让时，A 账户的数字资产会先流转到 AB 账户（A、B 方均可花费的中间账户），当 B 签收时就会留下自己的私钥签名记录，这时数字资产会从 AB 账户转到 B 的私有账户中；而当 B 拒绝签收时，同样会留下自己的私钥签名记录，这时数字资产就会从 AB 账户转回到 A 的私有账户中；如果是 A 主动撤销转账，就会在链上留下 A 的私钥签名，同时数字资产会从 AB 账户转回到 A 的私有账户中。

（三）UTXO 模型的数字资产

应收账款作为一种非同质资产，其与数字货币是有所不同的。在微企链中，A 产生的数字债权凭证和 B 产生的数字债权凭证可能因来自不同的核心企业，兑付日期不同，风险等级不同等原因，没办法用数学方法简单混加记账。

为了解决这一问题，微企链采用了 UTXO 模型，凭借其一对多的映射能力，微企链上的多笔输出可以对应同一账户，虽然各自有各自的输出和流水记录，但花费条件却是相同的。另外，由于 UTXO 模型允许将多笔输入放入一个交易中，也为统一转让拆散的数字资产提供了一定的帮助。

（四）财付通的资金清算能力

微企链在兑付环节拥有独立的清算节点，数字资产在到期后，可以直接在链上完成链下的付款动作。由于任何一笔付款的结果都会被记录在链上，资金流和信息流的对接也得到了很好的保障。

作为国内首个"供应链金融＋区块链＋ABS"开放平台，腾讯微企链可以从根本上解决小微企业融资难、融资贵的问题，这也促进了产业链的健康发展。到 2018 年底，腾讯微企链服务的核心企业已经达到了 17 家，有 12 家银行参与其中，其服务范围包括地产、能源、汽车、医疗等多个行业领域。

2019 年 5 月 17 日，腾讯微企链 ABS 项目获得了深交所的无异议函，获批储架规模 100 亿元。该项目打破了传统 ABS 业务需要特定债权人的模式，通过腾讯区块链技术，实现了应收账款债权安全高效地拆分、流转和融资。

正如微企链官网描述的，微企链确实可以"让你的应收账款流动起来"。

第六章 产业供应链金融的代表
——电子信用凭证

第一节　电子信用凭证的运行机制

信用证作为国际贸易中的重要工具，对推动国际贸易发展，提高国际贸易效率起到了重要作用。但由于传统的信用证效率低、成本高，早已无法适应快速发展的国际贸易需要，由此，电子信用证应运而生，弥补了传统信用证的缺陷。

所谓电子信用证，就是利用电子手段来开展信用业务，将电子开证、电子通知、电子交单、电子审单、电子支付等整套流程各个环节全电子化运作。

电子信用证虽然已经被广泛应用到全球的贸易结算之中，但是对其具体概念的界定却一直都比较模糊。在本章，我们所讲的电子信用凭证主要是指依托于区块链技术，可以表明交易双方债权债务关系的一种电子记录凭证。

在产业供应链中，核心企业在向上游供应商支付款项时，如果使用传统方式，其在成本和效率方面便会存在较大的劣势。同时，使用传统支付方式所带来的烦琐流程，也无法解决产业链上游中小企业的融资问题。针对这一问题，一些企业通过运用金融技术手段，创造性地开发出应用于供应链全流程的电子信用凭证，不仅解决了核心企业与上游供应商的支付结算问题，同时也解决了供应链上中小企业的融资问题。

基于传统产业链及核心企业信用的应付账款，中金云创采用反向保理的展业方式，借鉴电子商业承兑汇票的运行机制，围绕核心企业构建金融生态，独立开发出了基于"E信"模式的供应链金融模式。在解决产业链供应商应收账款收付问题的同时，从整体上提升核心企业产业链的运作效率和综合竞争力。

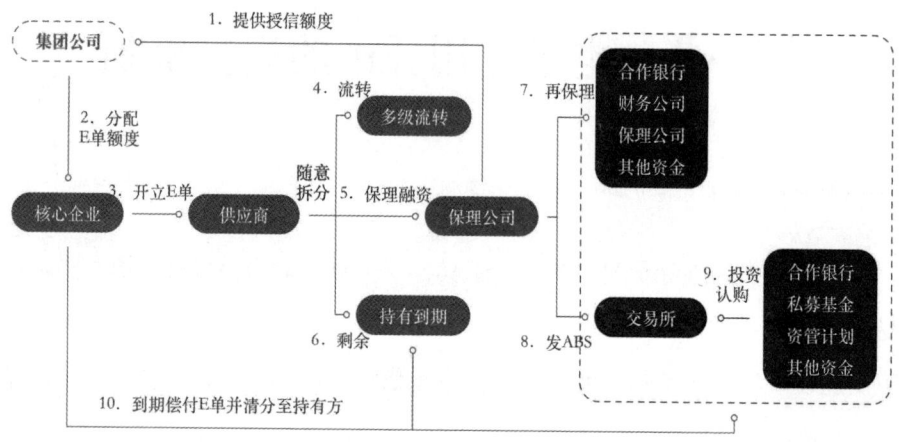

基于"E信"模式的供应链金融模式

"E信"是搭建在供应链金融平台上流转的一种类似商业汇票的信用凭证，其主要以核心企业或其下属单位的应付账款为依托，由核心企业来担保增信，在供应链平台内部签发，持票方可在规定日期无条件兑付相应金额。作为一种电子信用凭证，"E信"具有可持有、可流转、可拆分和可融资的特点。

以"E信"为代表的电子信用凭证可以将债权债务关系标准化，其既是信用凭证，也是支付工具，同时还可以作为融资工具来使用。电子信用凭证由核心企业开具，并保证在约定时间完成对付，持证人可以利用电子信用凭证在供应链平台完成支付，金融机构则可以借助电子信用凭证来为供应链上的中小企业提供资金支持。

相比于传统的支付方式，核心企业的信用支持很难传递到更多层级的供应商身上。而在金融科技的支持下，电子信用凭证可以将核心企业的信用传递到三级、四级，甚至是七级、八级供应商身上。这种高效确权和信用传递功能，可以帮助供应链企业更容易获得金融机构的融资支持。

在具体的运行机制方面，我们以中国铁建的"铁建银信"业务来进行说明。

"铁建银信"是中国铁建联合中金云创打造的铁建银信供应链金融平台中的电子信用凭证。在具体运行机制上，中国铁建下属各单位从中国铁建处获得授信支持，在与供应商展开真实贸易后，会为供应商开具"铁建银信"。

供应商在获得"铁建银信"后，其可以选择一直持有，在到期后去兑付相应数额的资金，同时也可以选择将其支付给其他供应商，用来支付货款。收到"铁建银信"的另外供应商同样可以选择持有或支付，如果用来支付，"铁建银信"便会在多级供应商间流转开来，携带着中国铁建信用的"铁建银信"可以一直传递到更多层级的供应商手中。此外，在供应商将"铁建银信"用于支付货款时，可以根据具体需求对其进行拆分，以便灵活地完成真实贸易。

除了选择持有和支付外，供应商还可以用手中的"铁建银信"向供应链平台上的保理公司或金融机构申请融资。由于"铁建银信"携带着中国铁建的信用，同时记录着供应商在该供应链平台上的各种数据信息，保理公司和金融机构便可以迅速掌握这些信息，完成融资审核流程，迅速将融资款项发放给供应商。

不仅是"铁建银信"，大多数产业供应链金融平台上的电子信用凭证的运行机制都是这样。凭借其可持有、可流转、可拆分和可融资的特征，为供应链平台的参与者提供切实的供应链金融服务。

TCL线上供应链金融平台的"金单"、云链金融平台中的"云信"、群星金融供应链场景下的"星金券"，都是这一类型的电子信用凭证。在当前的产业供应链金融中，这些电子信用凭证之所以大受欢迎，很大程度上都是因为其解决了供应链金融发展过程中的各种痛点。

第二节　电子信用凭证解决了供应链金融的痛点

近年来，供应链金融行业呈现出较快的发展趋势。从整体来看，供应链金融已经成为解决中小企业"融资难、融资贵"问题的重要路径，但从具体细节来看，供应链金融行业的发展也存在一些突出问题。

首先，在一些供应链金融业务模式中，中小微企业对核心企业的信用背书过分依赖，虽然依靠核心企业的信用可以更好地获得融资，但在真实贸易流程中，并没有增加自身的信用。这样一来，在整个供应链中，中小微企业相对于核心企业的弱势地位就会越来越严重。

其次，近年来各地区区域性的供应链金融平台出现了很多，但从具体运行成果上来看，这些供应链金融平台中的各参与者间的相互关联并不紧密，各方信息缺少交集，由于存在严重的信息不对称问题，因而创造了一个又一个新的数据孤岛。

最后，在一些供应链金融平台中，中小微企业真正享受到的信用评价服务较为有限。一些平台为了尽可能多地延揽客户，还会人为降低风险控制的标准，由此给供应链金融平台运营的稳定性造成了不小的麻烦。

近年来，政府工作报告中多次提到智能技术赋能传统产业的内容，大数据、人工智能等技术与供应链产业各环节的结合，为开展智能化的供应链金融提供了新的可能。金融科技虽然不能凭空创造信用，但其可以在产业链中作为企业信用的传递者，通过技术手段让产业链中的真实贸易信息被记录、被传递，从而变得更为透明、更具价值，让企业信用在整个供应链中传递，化解各个环节可能出现的金融风险。

电子信用凭证的出现，正是金融科技应用于供应链金融领域的一个重要尝试，以电子信用凭证为代表的智能供应链平台，可以全面采集、整理、加工中小微企业在供应链之上的完整信息，通过对这些数据进行深加工和标准化处理，从而对各个层级的中小微企业进行精准画像，构建出中小微企业在供应链上的完整关系图谱，切实解决金融机构在识别中小微企业具体情况时所遇到的信息不对称问题。

此外，以金融科技为基础的电子信用凭证还可以确保供应链上企业资质和数据的真实性及不可篡改性，并帮助核心企业将自身信用传递到供应链中更多层级的供应商手中，在帮助供应商更好地获得增信支持的同时，也可以帮助核心企业更好地掌控整个供应链的稳定运行。

具体而言，在大多数供应链金融体系中，中小企业往往居于供应链长尾端，在一级供应商之外，更多的是二级及以上的供应商。在传统的金融贸易模式中，核心企业与供应商之间的交易多依赖于纸质单据，需要手工操作，线上化程度很低。这一方面造成了各级供应商证明自身与核心企业的真实贸易关系存在困难，无法获得核心企业的信用支持，即使存在真实贸易关系，也很难通过银行的资信审查。另一方面，由于使用纸质单据进行手工操作，容易对具体内容进行篡改，核验起来也存在较大的困难，也容易造成供应链融资的欺诈风险。

基于区块链技术产生的电子信用凭证应用于供应链金融平台后，不仅可以实现供应链上信息的可记录、交易的可追溯、信用的可传导，还可以有效防止信息被篡改。由于电子信用凭证的这些特性，中小供应商无论处于供应链的哪个层级，只要持有电子信用凭证，便可以证实自身在供应链中开展的真实贸易。

在证实真实贸易关系存在的同时，依托于智能化供应链平台，凭借区块链技术的数据可追溯、可留痕特征，电子信用凭证可以实现自由地拆分和流转。通过这两种方式，供应链中核心企业的信用便可以实现多级穿透。在真实的贸易背景下，核心企业的信用更可以穿透到供应链末端，将传统供应链金融模式所无法覆盖的供应链末端的中小微企业，全部纳入供应链信用体系之中。

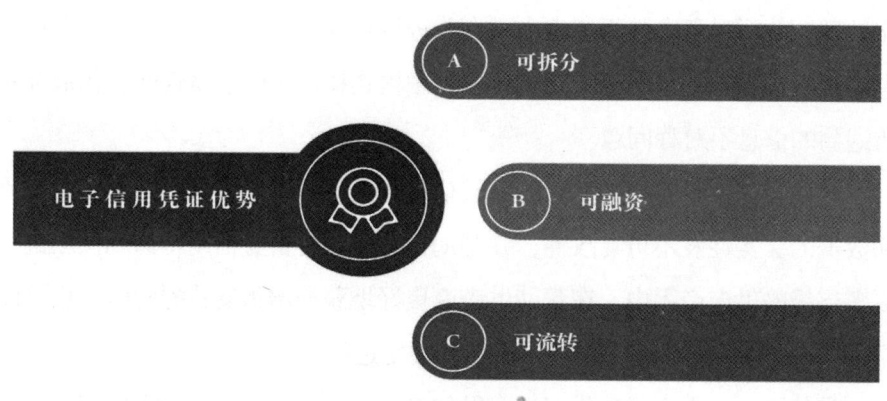

电子信用凭证的优势

举例来说，一家玩具制造企业，在传统供应链金融平台上，只有十几家一级供应商可以享受到核心企业的增信支持，由此获得供应链金融服务。而当应用了智能化供应链金融平台，引入电子信用凭证后，这家玩具制造企业将电子信用凭证作为支付给一级供应商的应付账款，而一级供应商又将自己获得的电子信用凭证拆分支付给多个二级供应商，在这个过程中，核心企业的信用就随着电子信用凭证流转到了二级供应商这里。随后，依此类推，电子信用凭证还会在多级供应商手中流转，核心企业的信用也就传递到了更多供应商手中。这种变化有助于解决处于供应链长尾端中小微企业的融资难题，从而提升整个供应链的综合竞争力。

对于银行等金融机构来讲，在智能化供应链金融平台上，可以查询到物流、仓储、工商和税务等各种数据信息，通过与电子信用凭证进行交叉验证，可以帮助银行等金融解决信息不对称和贸易真实性核查等问题。此外，电子信用凭证的应用对于防范重复融资风险也具有重要意义。

电子信用凭证之所以可以成为产业供应链金融模式的代表，很大程度上是因为其解决了传统供应链金融在发展过程中的一些痛点。一个事物是否能够符合行业发展的需要，很大程度上取决于其是否解决了行业中用户的需求和痛点。很显然，电子信用凭证在供应链金融行业中做到了这一点。

第三节　电子信用凭证所面对的法律问题

信用证的发展与电子商务兴起和经济发展具有密不可分的关系，从最初的手开纸质凭证，到全过程运作的电子化，当前信用证的电子化和无纸化已是大势所趋。

相比于纸质信用证，电子信用凭证在使用时具有较大的优势，这些我们在前面的内容中已经进行了详细介绍。但任何事物在具体现实中不可能只有优点而没有缺点，电子信用凭证也是一样，在具体应用过程中，其也会遇到一些问题，这里所说的问题，主要是电子信用凭证在我国应用可能需要面对的一些法律问题。

一、电子签名问题

电子签名问题是电子信用凭证在具体应用时，所需要面对的第一个法律问题。在互联网环境中，信息传递主要依靠网络来进行，在签名问题上并不像传统信用证那样签字盖章，如果在电子签名方面不采取特殊措施进行保护，就很容易出现签名被更改且无法留下痕迹的情况。如果当事人和银行都忽视了电子信用凭证上信息来源的真伪，就很有可能引发不可预知的风险。

联合国国际贸易法委员会在《电子签名示范法》中比较笼统地规定了电子签名的概念，其认为电子签名是附加于或与一份电子记录有逻辑关联的数据过程，被签字人执行或采纳以表明签字人身份以及表明该人对电子记录的证实。

在这一概念的基础上,各个国家在具体实践中,针对电子签名问题推出了相关立法文件,规定了一些电子签名的具体内容。但在全球范围内,依然没有形成一个对电子签名的统一认知。当前我们所接触的电子签名方法主要有数字签名,手纹、声纹、虹膜识别和量子计算机等。相对来说,电子信用凭证所应用最广泛的主要还是数字签名技术。

数字签名技术主要是利用数字技术实现在网络文件传统的同时,附加具有个人特质的标记,从而替代传统手写签章,来表示确认、经手、负责等事项。在众多可实现数字签名的方法之中,PKI公钥密码技术的使用是最为普遍的。

PKI技术可以做好身份标识和认证、保密或私密管理工作,同时也能确保数据的完整性和不可抵赖性。近年来,区块链技术的发展为信息安全提供了另一种解决方案,区块链技术和PKI技术相结合运用让电子信用凭证的安全问题得到了进一步的保证。但如何让不同部门、不同系统间的PKI体系互通互联,依然是电子信用凭证发展所面临的一个重要法律问题。

二、电子认证问题

如果说电子签名的目的是保护数据电文的安全,防止数据内容被仿冒、更改或否认,那么电子认证的目的就是将电子签名和真实贸易方联系起来,以确保留下电子签名的人是真正的电子签名的代表方。简单来说,就是要证明"我就是我"这个问题。

对于交易双方来说,如果甲方对乙方说"我就是我",这个结论可能并不能让乙方信服,因为双方所掌握的信息都是不完整的。但如果引入一个双方都信任的第三方,由第三方丙来对乙说"他就是他",这个结论就很容易让乙方信服。电子认证所做的就是这样的工作。

电子认证主要指对特定的电子签名及其签署者的真实性进行验证的具有法律义务的一种服务,其需要由第三人或机构进行审查,在查证属实后给出相应证明。由此可以看出,想要更好地完成认证工作,选择一个合适的认证机构是非常重要的。

为了确保认证机构的独立性和权威性，《电子签名示范法》曾给出过一些考量的标准和因素，但考虑到各国基本国情不同，就没有根据认证机构成立的条件和标准做出明确规定。因此，在考察认证服务商提供的认证服务是否值得信赖时，依然要根据本国本行业具体的法律规定来确定。

当前认证机构的效力，主要通过两种途径来保障，一是由法律直接规定，由法律授权政府相关部门制定相应规则；二是由当事人双方通过协议的方式来确认电子认证的效力，一般由银行或互联网服务商来担当电子认证机构的角色。相对来说，与第一种途径相比，第二种途径的电子认证效力要相对薄弱一些，如果发生纠纷，法院在判定时由于没有专门的法律借鉴，势必会产生一些法律上的问题。

当前，核心企业、物流服务商、银行等金融机构都纷纷开始搭建由自身所主导的产业供应链金融平台，不同供应链金融平台上提供认证服务的机构也多有不同。这些认证机构相互间并不承认彼此的效力，在一些特殊情况下，容易给供应链金融参与者带来一些法律上的纠纷。显然，这也是电子信用凭证发展所必须要面对的一个法律问题。

三、电子单据问题

电子信用证业务可以说是一种单据业务，银行会根据符合电子信用证规定的单据付款。由于电子信用证的体系较为复杂，其往往会涉及多种不同单据，对于纸质单据，银行在审核时有较为明确的法律指引，但对于电子单据，在审核时却并不那么简单。

对于一般的单据，如发票、运输单等，比较容易就可以转化为电子单据。但想要将纸质提单转化为电子提单，就需要面对诸多法律方面的问题，其主要是缺乏有效的专门性的法律制度框架，来调整有关电子提单的法律问题。

此外，在纸质信用凭证中，贸易单据作为一种书面文件，可以作为有效证据证明相关事项。而电子单据显然并不具备书面文件的特征,从法律角度来讲,如果电子单据无法满足法定的证据要件,便无法获得证据效力。这时如果贸易双方出现纠纷,电子单据无法作为证据使用,那么纠纷就很难得到解决。如果延展到整个供应链链条上,问题就会越来越严重,最终危及整个供应链的稳定发展。

电子信用凭证的安全性问题是产业供应链金融稳定运转的基础,想要确保电子信用凭证的安全,除了要在技术层面努力之外,还需要妥善解决法律方面的问题。随着我国供应链金融行业的稳步发展,相应的法律法规也会随之出台。在做好法律和技术两方面工作后,电子信用凭证将会进一步助力产业供应链金融行业的发展,助力中小企业融资难问题的解决

第七章 产业供应链金融的资金来源分析

第一节　商业银行

商业银行的资金是我国供应链金融最为主要也是最为稳定的资金来源，商业银行充足的资金储备和极低的资金成本是其进入供应链金融领域的先天优势。在我国的供应链金融实践中，银行是最早进入供应链金融领域的参与主体，在业务量上也是最大的。

早期传统的供应链金融模式，多由银行等金融机构主导。但在具体实践中，由于供应链上信息的不对称，银行等金融机构在贸易背景真实性核查方面遇到较大的困难，因此，银行开始选择与供应链上的核心企业合作，以便开展供应链金融业务。

供应链上的核心企业经营稳定、财务透明，具有较高的信用度，商业银行通过与其合作，将较低成本的资金通过核心企业的授信贷给供应链上的中小企业。从核心企业那里，银行等金融机构可以获得大量供应链上下游中小企业的真实交易信息数据，由此便可以根据与供应链上中小企业的业务往来，开展风险控制工作，从而顺利完成对中小企业的供应链资金融通服务。

商业银行虽然拥有充足的资金，但其每年的贷款额度却是有限的。同时，商业银行的融资服务要以供应链上核心企业的信用为依据，核心企业的信用不能无限延伸，商业银行给予核心企业的授信额度也是相对有限的。

第二节　融资租赁公司

从严格意义上来讲，融资租赁业务并不属于供应链金融，但在实践操作过程中，融资租赁却与供应链金融存在着千丝万缕的联系。在整个供应链金融体系中，融资租赁公司可以作为资金提供方，参与到供应链金融的业务运作之中。

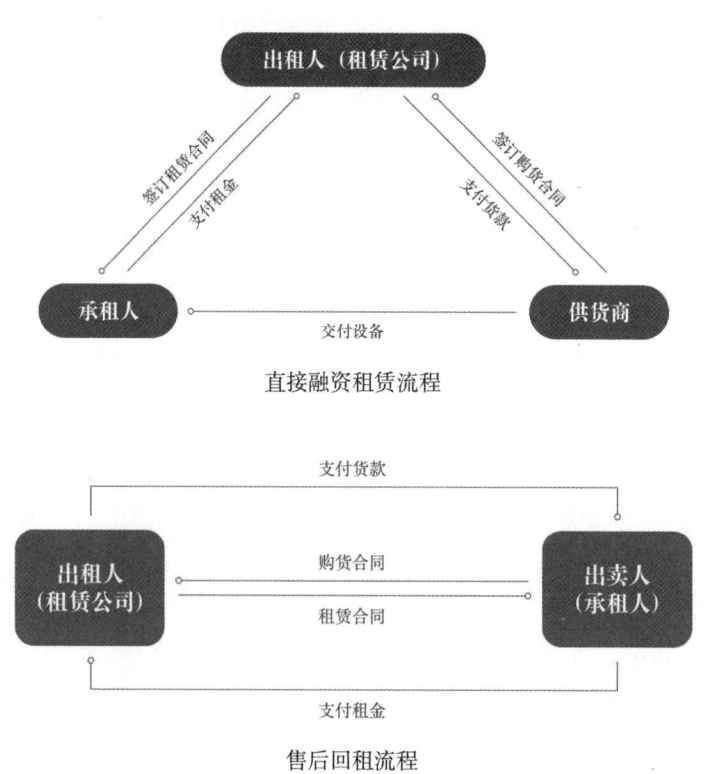

直接融资租赁流程

售后回租流程

第七章　产业供应链金融的资金来源分析

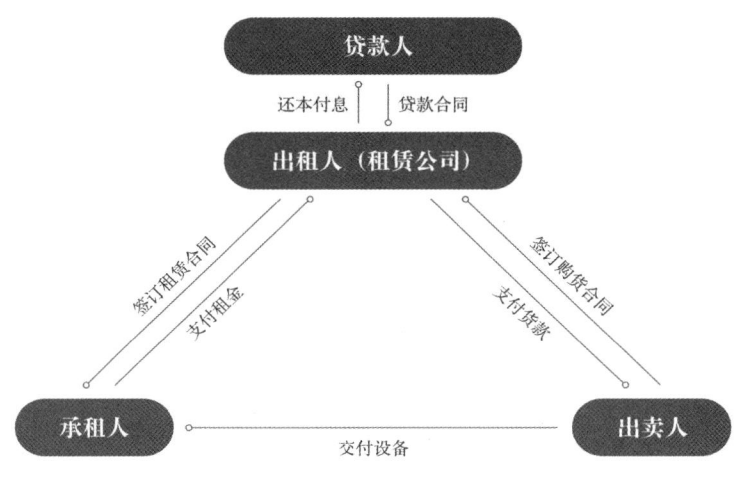

融资租赁流程

当前，我国融资租赁企业依照监管和最低注册资本的不同，可以分为金融租赁、内资租赁、外资租赁三类。这三类公司在设立条件、资金来源和经营杠杆等方面都存在着明显的不同。

在供应链金融的三种主要模式中，融资租赁公司可以通过融通仓融资模式和保兑仓融资模式提供融资服务。直接租赁和售后回租已经成为供应链金融重要的资金渠道入口，借助这两项业务，融资租赁公司可以有效盘活企业资产，缓解企业的流动资金压力。

相比于其他资金渠道，融资租赁公司作为供应链金融的资金提供方，优势在于其经营杠杆较高。当前，内资租赁和外资租赁的公司都有 10 倍杠杆上限的规定，而金融租赁公司的杠杆可以达到 12.5 倍左右。

此外，外资租赁公司也具有资金成本较低的优势。根据相关规定，外资租赁公司可以在风险资产和净资产之比小于 10 倍的空间内，从境外获得低成本的债务融资。这些债务融资可以用于境内的外资租赁公司开展相应业务，在为供应链金融体系中的企业提供融资服务时，外资租赁公司可以获得较大的利差。

相对来说，融资租赁公司的牌照申请门槛较高。尤其是当前监管部门对市场准入要求较为严格，内资租赁和金融租赁的牌照申请起来会比较困难。这可以看作是融资租赁这一资金渠道的劣势所在。

第三节　电商系民营银行

所有供应链金融的资金方想要开展供应链金融服务，其所需要面对的最大障碍，就是信息的不对称，商业银行自然也不会例外。虽然有足够的人力和财力资源，但是商业银行在面对供应链上多种多样的贸易信息时，还是会心有余而力不足。

供应链上中小企业的单笔融资规模往往比较小，即使如此，它们依然拿不出可以进行抵押的优质资产。在这种情况下，商业银行想要对其发放贷款，就要进行严格的贷前审查和贷后监管，任何一个环节出现风险，都可能导致商业银行的利益遭到损失。在这种情况下，商业银行很难对为中小企业提供贷款提起兴致，这也是中小企业融资难的一个主要因素。

供应链金融的出现，让商业银行可以以更低的风险来为供应链上的中小企业提供贷款，但同时商业银行贷款审核周期长、过审标准高的问题却仍然存在。相比于国有商业银行和股份制银行，民营银行在贷款审核方面要相对宽松，由于其主要服务于中小微企业，在满足中小微企业融资需求，提供普惠金融服务方面也具有较大的优势。

虽然在资金储备和核心企业合作资源方面，民营银行无法与国有商业银行和股份制银行相比，但其专门针对中小微企业提供服务的独特路径，也算是与其他银行进行了一种差异化竞争。可以说，民营银行作为资金方开展产业供应链金融服务，是具有一定的先天优势的。

在众多民营银行中，电商系民营银行大多已经开始了在供应链金融领域的布局。微众银行、苏宁银行和网商银行等民营银行在产业供应链金融业务实践中，已经取得了一些成绩。

2017年9月，苏宁银行基于区块链的国内信用证信息传输系统成功上线。在一年后，其又开创了"物联网+区块链"的动产质押融资先河。可以看出，苏宁银行所走的路径是高级金融技术加持的供应链金融模式，而这也正是未来我国产业供应链金融发展的一个重要走向。

亿欧金融：微众银行供应链金融生态圈

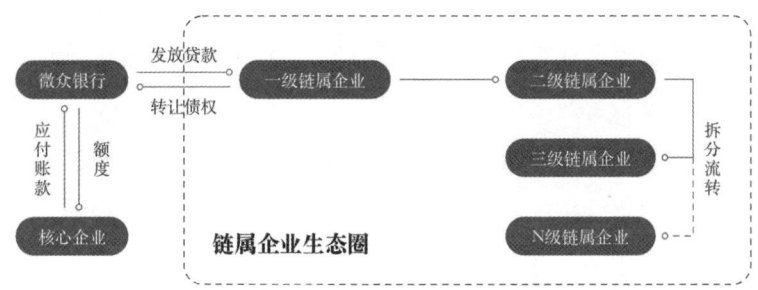

亿欧金融：微众银行供应链金融生态圈

微众银行同样也是以区块链技术为基础，构建起了自身的产业供应链金融体系。在不断寻求与核心企业展开合作的同时，微众银行还提出了由微众提供基础技术，与城商行合作开展业务的"银银合作"模式。

在微众银行的产业供应链金融体系中，微众银行更多充当的是保理的角色。在与核心企业建立合作关系后，微众银行会根据核心企业的自信资质为其提供一定的授信额度。当核心企业与其上下游企业间产生真实的贸易，核心企业上报应付账款后，如果其上下游企业需要融资，微众银行会在核心企业额度范围内，为其上下游企业进行融资。

在一些情况下，微众银行还可以直接与中小企业对接。通过相应软件，微众银行可以获得与融资申请相关的交易信息和财务数据，在审核中小企业信用资质之后，再向其发放贷款。由于区块链技术的应用，中小企业无法随意篡改系统中的数据，可以很好地保证微众银行获得数据的真实有效。

  这种方式可以让微众银行避开核心企业，直接与中小企业进行对接，不仅简化了供应链金融融资的环节，还可以提高供应链金融的服务范围。但在具体实践中，一些供应链上的中小企业并不具备完善的财务管理体系，其交易的信息化和自动化程度也较为有限，想要实现真正与中小企业进行对接，这些问题是必须要解决的。

第四节　供应链金融 ABS

对于"供应链金融 ABS"这一概念，我们在官方文件中还找不到它的定义。ABS 是资产证券化的简称，是一种非常流行的融资性金融工具。

ABS 融资也就是资产证券化融资，与贴现行为较为类似，只不过在实现形式上更为多样化，这让其可以更好地满足融资方和出资方的各种需求。而供应链金融 ABS 便可以理解为带有"供应链"或"供应链金融"的资产证券化产品，是供应链金融的一种创新。

供应链金融 ABS 是供应链上游供应商以及对核心企业（资质良好）的应收账款债券作为基础资产，凭借核心企业的良好信用作为支持，发行 ABS 产品，来回笼资金，盘活自身应收账款。

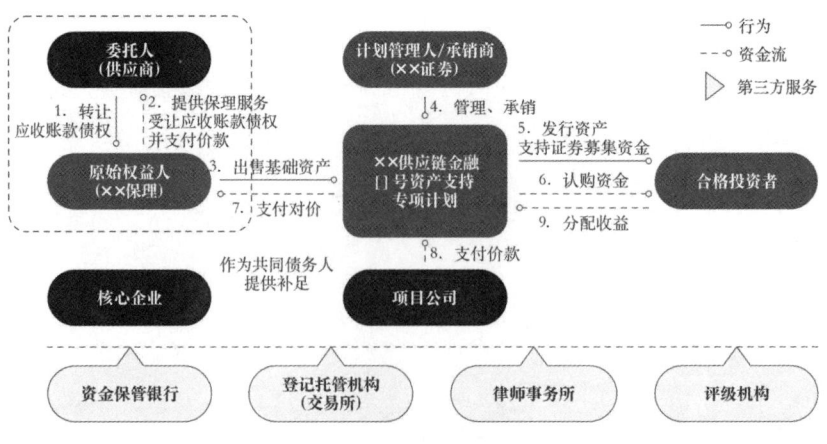

供应链金融 ABS 平台

由于赊销交易，以及核心企业延迟支付等原因，供应链上游供应商手中持有的对核心企业有一定账期的应收账款无法变现，这种情况容易导致上游供应商出现资金链断裂的风险。而通过资产证券化，供应商可以将对核心企业的应收账款进行折价转让，由此便实现了资金的提前回笼，可以说从另一个角度上解决了供应链上中小供应商的融资问题。

在传统的供应链融资中，供应链上的中小企业由于信用不足，进行直接融资难度较大，想要获得融资，除了将应收账款质押外，就是通过保理业务实现。这些传统的供应链融资模式存在着很多不足，不仅融资额度有限，融资成本还很高。

供应链金融出现后，以核心企业为依托的供应链金融体系纷纷建立，在核心企业的授信支持和真实的贸易背景下，中小企业可以更好地获得融资支持。供应链金融的出现很好地解决了中小企业融资难的问题，在不断发展的过程中，供应链金融出现了许多创新模式。

在众多供应链金融模式中，反向保理是一种比较典型的模式。与保理模式和中小供应商签订合约不同，反向保理主要与核心企业签订合约，保理公司与核心企业形成稳定的合作关系，而后由保理公司向供应链上的中小企业提供保理服务。

由于商业银行的授信限制，保理公司想要获得商业贷款非常困难。但随着供应链金融 ABS 的出现，保理公司可以借用核心企业的信用资质，其融资规模和融资成本都会显著下降，进而这种低成本的融资服务会传递到整个供应链中，使得更多供应链上的中小企业由此获益。

第八章 产业供应链金融模式的风险管控

第一节　基础风险：产业市场风险对比分析

供应链系统的复杂性决定了供应链金融在具体实践时会遇到各种不同的风险。由于与传统信贷业务相比，供应链金融具有一些独有的特质，所以供应链金融业务所面对的风险既有传统信贷业务所具有的风险，也有其自身所独有的风险。

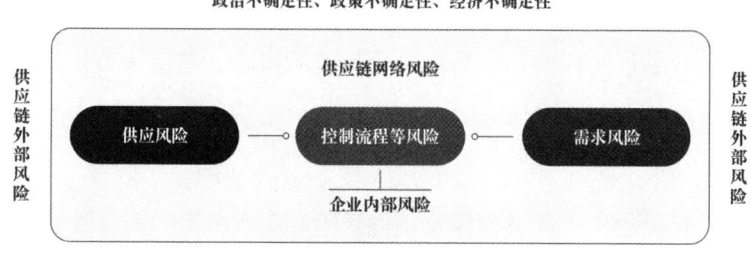

供应链风险 VS 供应链风险管理

关于供应链金融风险的研究，国外学者从市场和供应链本身得出结论，将供应链金融风险分为可控制风险和不可控制风险两大类。其中，可控制的风险主要是供应商的资信、产品和服务质量，而不可控制的风险则主要是自然灾害、市场变动和恐怖主义等。

我国自引入供应链金融概念开始，一些学者便着手研究供应链的风险问题。由于不同学者对供应链金融的理解不同，其所认定的供应链金融风险也有所不同。一些学者将供应链风险分为外生风险和内生风险两大类，其中，外生风险主要是指来源于外部环境各方面的风险，而内生风险则主要是指道德风险、信用风险等内容。

供应链金融发展到今天，在一些具体的供应链金融实践中，已经出现了各种各样的供应链金融风险问题。这些风险问题有大有小，有的得到了及时解决，并没有危及整条供应链的平稳运行。有的虽然只是一些小风险，但因为没有得到有效根治，最终导致了整个供应链金融体系的崩溃。

因此，供应链金融风险问题是供应链金融参与者必须重视的一个问题，可以说，供应链金融业务运作的成败，很大程度上取决于对供应链金融风险的管控。没有无风险的供应链金融模式，但只要能够做好风险控制工作，各类风险对整个供应链造成的危害就会降到最低，供应链金融体系就会稳定有序地发挥其应有的作用。

一般来说，传统的信贷业务风险主要包括市场风险、操作风险、信用风险和法律风险，这些风险在供应链金融中也同样存在。除了这些基础风险外，供应链金融也面临着一些其自身所特有的风险。在这一节，我们主要介绍供应链金融的产业市场风险，这也是传统信贷业务和供应链金融都需要面对的风险。

产业市场风险也可以被称为系统性风险和不可分散风险，在传统信贷业务中，其主要是指由于未来市场价格波动所导致的银行预期收益和实际收益出现偏差的风险。而在供应链金融中，其主要是指质押物的市场价格波动所导致的质押物实际价值低于银行给予中小企业的融资额度时，中小企业可能会出现的违约风险。

这种产业市场风险主要出现在应收账款融资模式和存货融资模式中，一般由利率、汇率、股市或具体的商品价格等市场因素的波动所引起，当金融产品的价格或收益出现不稳定情况时，产业市场风险也就应运而生了。

当前，我国银行供应链融资产品在定价上大多仍然使用固定利率的方式，当利率发生变化或调整时，银行往往不能及时对贷款利率进行调整，只有到基准利率变化的下一个年度才能进行调整。这也就是说，在贷款利率未进行调整的这段时间，银行的收益会受到较大的影响。

此外，由于我国的供应链金融业务，很多会涉及国际贸易，如果不是使用同一种货币来进行交易，就可能会出现汇率变动的风险。

总体来说，上述介绍的利率风险和汇率风险，对供应链金融体系中的商业银行存在一定影响，但这些风险一般很容易被商业银行所掌控，风险危害也会被降到一个比较低的水平。在众多产业市场风险中，作为质押物的存货价格波动所带来的价格风险，对商业银行及整个供应链带来的影响才是最大的。

由于市场商品价格和金融汇率的变化，进而会引发质押物在某段时间的价格也发生变化，这时，质押物变现的能力也会发生改变。因此，对于那些应用范围较窄、不容易保存和价格波动较大的商品就不适合作为仓单质押，如果将这些商品作为质押品进行融资，就会造成较大的融资风险。

如果某些商品作为质押品，在质押期间，其市场价格突然大幅下降，从而出现贷款额高于质押物价值的情况，这时对于贷款企业来说，如果继续还债就是在做"亏本买卖"。在这种情况下，就会出现贷款企业违约风险。

商品价格波动是非常常见的一种市场经济现象，某一商品在某一特定时间内发生价格波动的可能性也比较大，因此，大多数供应链金融体系都会存在较大的价格风险。

既然价格风险对供应链金融业务的影响如此明显，那应该采用怎样的方法去进行有效的风险控制呢？

对于供应链金融产业市场风险中的价格风险，商业银行的主要风控手段是选取那些标准价格较为稳定的质押品，由此来确定质押品的担保能力。想要做好这方面的工作，在商业银行方面需要大力培养专业的供应链金融人才，尤其是那些精通质押物价值评估的人才，做好质押物的价值评估工作是应对质押物价格风险的第一步。

在培养人才的同时，商业银行还需要在整个供应链链条中建立价格预警机制，一旦出现过度的价格波动，商业银行可以要求借贷方增加质押物或采取其他合法合规的手段来保障整个供应链金融链条上的资金安全，防止情况恶化，避免给整个供应链金融体系带来更大的损失。

最后，在开展供应链金融业务前，商业银行可以选择与核心企业签订回购合同，以此来转移价格风险对自身带来的不利影响。当然，商业银行也可以根据自身的实际情况，选择其他更好的金融工具或业务手段来转移这种风险。在降低自身损失的同时，确保供应链金融体系的稳定。

作为供应链金融业务的基础风险，产业市场风险在供应链金融整体业务风险中占比较高，而在产业市场风险中，与质押物相关的价格风险发生的概率也非常高。产业市场风险虽然很多时候都难以预测，但只要提前建立起相应的应对机制，在风险发生时，就可以将危害降到较低水平，从而维持整个供应链金融体系的稳定。在一次风险过后，及时总结，完善应对机制，可以提高供应链金融体系应对风险的能力。

第二节　道德风险：
　　　　核心企业信用风险和道德风险对比分析

在传统信贷业务中，信贷风险多表现在单一的贸易环节中，而在供应链金融业务中，由于供应链上各个节点紧密相连，原本在单一环节的风险也就随之辐射到了供应链的上下游。由此，供应链上下游各个环节中贸易的不确定性，也就为供应链金融带来了更多风险。如果供应链金融覆盖了整个供应链链条上的各个节点，那么供应链金融的风险就会辐射到整个供应链之中。

具体来说，在供应链金融体系中，风险已经不再局限在单一的节点上，而是广泛存在于整个供应链之中。因此，商业银行在关注单一节点的具体情况时，需要仔细审核其信用度、财务报表的真实性，以及其与上下游客户之间的贸易关系。

当前，在大多数供应链金融体系中，核心企业的作用都至关重要。一旦核心企业出现信用或道德方面的问题，导致银行撤出资金，整个供应链上的其他企业也会受到不同程度的影响，严重的，整个产业链都可能会受到影响。因此，关注核心企业的信用风险和道德风险，也是供应链金融风险控制的重要内容。

与传统的信贷业务风险相比，供应链金融业务的风险具有一些独有的特性。

首先，供应链金融业务风险具有传导性。每一条供应链上的企业都是彼此紧密相连、相依相存的，它们在一个完整的供应链中共同获益、共担风险。一旦供应链中某个企业出现风险，这种风险就会通过供应链迅速传递到其他企业，进而使整个供应链参与者的利益都受到威胁。

其次，供应链金融业务风险具有多变性。在供应链金融市场中，每一个供应链金融体系所遇到的风险问题都是不确定的，很多时候单一的风险会演化为多种不同风险。伴随着供应链金融模式的升级、业务流程的创新、外部环境的转变，供应链金融的业务风险也会不断转变。

最后，供应链金融业务风险还具有复杂性。前面提到，供应链金融业务风险既有传统信贷业务所具备的固有风险，也有供应链金融本身所特有的风险。因此，从这一角度来看，供应链金融业务风险也具有一定的复杂性。

在供应链金融体系中，核心企业掌握了供应链的核心价值，在整个供应链之中，承担着至关重要的作用。供应链金融业务的开展，很大程度上需要依靠核心企业，围绕核心企业去进行。商业银行需要通过核心企业来了解整个供应链的真实贸易情况，供应链上的中小企业需要依靠核心企业的增信支持来获得资金支持。在这种情况下，一旦核心企业在运转过程中出现风险，整个供应链金融体系就会面临较大的风险。

在供应链金融业务风险之中，与核心企业关联较大的，主要是信用风险和道德风险。在一个完整的供应链中，核心企业的经营状况影响着其上下游中小企业的生存状况，一旦核心企业在信用和道德方面出现风险，这种风险就会迅速传导到供应链链条中的上下游企业身上。

在传统信贷业务中，信用风险主要是指债务人没有履行先前的承诺，没有将贷款按时或全部归还给债权人，由此给债权人带来损失的一种违约行为。在供应链金融业务中，信用风险主要来源于供应链上企业的业务能力、业务量和商品来源的合法性。供应链企业资信不佳、行为不良，商品来源不明或资格不全，都可能引发相应的信用风险。

而道德风险则主要是指参与合同的一方所面临的对方可能改变行为而损害到本方利益的风险。在供应链金融体系中，核心企业凭借较强的实力和较大的规模，影响着整个供应链金融体系的运作。正因如此，如果核心企业出现道德风险，那么整个供应链金融体系就将陷入较大的危机之中，严重的还会引发整个供应链金融体系的崩塌。

正常来说，在供应链金融体系中，核心企业与供应链上的中小企业间维系着一种互利互惠的关系，可以将自身的信用传递给供应链上下游的中小企业，帮助其完成融资，扩大生产规模，进而提升整个供应链的竞争力。但如果在这个过程中，核心企业利用自身在供应链中的有利地位，在交货、价格、账期等方面要求上下游中小企业接受严苛的条件，就容易引发相应的道德风险。

核心企业通过"压榨"供应链上中小企业的核心利益，来实现自身短期效益的最大化，于是就会导致这些中小企业出现资金紧张的情况。在这种情况下，中小企业就需要向银行融资来维持自身的基本运作。当中小企业通过核心企业获得增信支持，从银行获得融资后，核心企业就会继续通过严苛的条件来压榨中小企业的资金。如果中小企业再次出现资金紧张的状况，为了维持生存，就会再次向银行申请融资。如此周而复始，当中小企业负担的债务超出其承债极限时，整个供应链金融体系就会变得不稳定，并产生严重风险。而这种风险，正是核心企业的道德风险。

在以商业银行为主导的供应链金融模式中，商业银行需要警惕核心企业的道德风险，在选择核心企业时，需要设定好一定的标准。在具体选择标准上，商业银行可以从核心企业经营实力、管理能力与协作能力几方面着手考量。

在选择核心企业时，商业银行需要关注核心企业的股权结构、投资收益、信用记录、行业地位、市场份额、发展前景等多方面因素，由此来判断核心企业的经营能力。商业银行可以根据该企业在过往年份采购成本或销售收入的一定比例，来确定其供应链金融的具体授信额度。

此外，除了要对核心企业经营实力进行考察，商业银行还需要看核心企业对上下游客户是否具有较强的管理能力。比如，核心企业对上下游中小企业是否有准入和退出管理，是否对中下游企业提供排他性优惠政策及激励和约束机制。

最后,在商业银行主导的供应链金融模式中,商业银行在选择核心企业时,还需要考察核心企业与银行的协助关系,即在供应链金融体系中,核心企业能否更好地与银行合作,降低供应链金融业务的风险。

作为供应链金融体系中的重要参与者,核心企业应该成为供应链金融业务的风险控制者,但其自身所存在的道德风险,又在一定程度上让其成为供应链金融风险的一大源头。很多时候,核心企业间接掌握着供应链上下游企业的经营状况、资信状况等信息,同时其信息信用水平直接决定着应收账款的可回收性和存货价值的变现能力。如果核心企业过于急功近利,追求自身短期效益,很可能会为供应链金融体系带来较大风险。

第三节　产业风险：
上下游融资企业信用风险对比分析

在供应链金融体系中，供应链上的中小企业是主要服务对象。在传统信贷业务模式中，中小企业因为信用水平较低，很难从金融机构手中获得融资，即使融资申请通过，其融资成本也要高出很多。在供应链金融模式中，商业银行等金融机构围绕核心企业向中小企业提供融资服务，核心企业以自身资信为中小企业提供增信支持，从而帮助中小企业更好地从金融机构获得较低成本的资金支持。

供应链上的中小企业往往规模较小、实力较弱，由于可抵押的优质资产较少，又找不到愿意为其担保的大型企业，所以在向银行申请融资时，往往会遇到较多困难。同时，供应链上的中小企业产品技术含量较低，盈利能力有限，加之其财务管理体系不完善，信息透明度较低，银行等金融机构处于规避风险考虑，也不会轻易为中小企业放贷。

供应链金融模式在很大程度上降低了银行和企业间的信息不对称问题，在很大程度上弱化了供应链上下游中小企业自身的信用风险。但需要注意的是，其并未对中小企业自身造成任何改变。供应链上下游中小企业依然存在着制度不完善、技术力量薄弱、资产规模小、生产不稳定、财务报表不透明、信用度不高等现实问题。这些问题的存在，很容易引发中小企业的信用风险。

供应链金融模式下的中小企业信用风险主要是指中小企业作为借款人，

因为各种主客观原因，无力或不愿继续履行合同条款，因而造成违约情况出现，使银行等金融机构遭受一定的损失。

不同于传统信贷业务的信用风险，在供应链金融业务模式中，中小企业的信用风险除了受到自身各种风险因素的影响，同时还会受到供应链整体的运营情况、业务交易情况和各企业合作情况等多种因素的影响。

供应链上下游的中小企业能否获得融资，很大程度上取决于核心企业的信用状况。如果核心企业在发展过程中，出现信用资质降低、还款能力下降的情况，对中小企业就会产生较大影响，银行所需面对的信用风险也会由此增加。

供应链的稳定性也是影响中小企业信用风险的一个重要因素，由于供应链将众多企业串联在一起，原本单一企业的经营风险，就会顺着供应链链条传导到每一个企业身上，中小企业所承担的经营风险就会因此增加。如果出现经营不善的情况，就很容易引发自身的信用风险。

此外，在供应链金融体系运作过程中，物流企业在运输中出现的物流配送延迟，引发的供应链中断，也可能对供应链上下游中小企业造成较大的影响。严重的话，还会引发中小企业的信用风险。

上述提到的众多因素中的每一种因素，都有可能导致供应链上下游中小企业产生信用风险。无论是出于主观原因还是客观原因，供应链金融体系上的中小企业一旦出现信用风险，就会导致没有及时偿还融资借款，进而会给供应链资金方造成一定的损失，最终会危害到整个供应链的稳定。

在大多数供应链金融模式中，都会通过对物流、资金流等的控制，来规避中小企业资信不足可能带来的信用风险。这种模式往往会降低授信主体的门槛，进而增加债项评价的权重，也就是对预付账款、存货和应收账款等资产担保物权更为重视。

供应链金融体系想要将中小企业的信用风险降到最低，就需要谨慎选择预付账款、存货和应收账款等资产的担保物权。这些资产的担保物权作为供应链金融业务的授信支持类资产，是重要的信贷还款来源，如果对这类资产的担保物权选择不慎，就可能增加中小企业的信用风险。

具体来说，在选择这类资产的担保物权时，银行等金融机构需要根据其不同的种类，来设定相应的认可标准，由此来更好地规避风险。

在应收账款的担保物权方面，要保证应收账款债权依法可以转让；要保证应收账款的相关要素具体明确；要保证应收账款债权没有超过诉讼时效或取得诉讼时效中断的证据；还要保证应收账款提供者具备法律规定的保证人资格。

在存货的担保物权方面，要保证用于抵质押的货品权属清晰；要保证抵质押物品的价格相对稳定，不易发生剧烈波动；要保证抵质押物品可以轻松通过拍卖或变卖的方式转让出去；还要保证抵质押货品的性质较为稳定，不容易发生燃烧、爆炸、挥发、渗漏、霉变、氧化等情况，导致抵质押物价值减损。

在预付账款的担保物权方面，需要考虑的内容与存货的担保物权基本相同，但同时，商业银行等金融机构还需要考虑供应链金融的具体模式，以及供应链中核心企业作为担保者是否稳妥，是否会发生风险。

在具体应对举措上，商业银行可以通过制定市场准入标准和信用档案，建立风险预警机制，以及完善贷后信息追踪等方法，来应对和控制中小企业的信用风险。

首先，在制定市场准入标准和信用档案方面，构建供应链金融体系时，商业银行应该对各类中小企业进行全面考察，选择那些基本素质较高，发展较为稳定的中小企业。在供应链金融体系运行的过程中，还需要进一步加强对中小企业生产经营情况的监督与管理，做到信息公开透明，全方位掌握供应链企业的经营动态。商业银行还应该结合供应链金融体系的具体特点，针对供应链中的中小企业，构建完整的信用评价体系以及信用档案。通过建立客观准确的计量模型，来准确评价中小企业的资信情况。在构建中小企业信用档案时，还需要同时建立中小企业主要负责人的信用档案，如果发现中小企业主要负责人存在信用问题，商业银行在为中小企业融资时，就要谨慎一些。

其次，一个完善的供应链金融体系，一定要拥有一套与之相配套的风险预警机制。这样才能在风险爆发之前，提前识别，并采取相应举措来控制风险。

最后，在构建风险预警机制的同时，供应链金融体系还需要不断更新和完善信息管理系统。除了要在企业融资前做好信息甄别工作，还需要在中小企业融资后，对其交易货物进行跟踪管理，及时发现可能存在的风险，及时开展有效的防范举措。

供应链金融作为解决中小企业"融资难、融资贵"问题的重要工具，可以帮助中小企业顺利度过发展瓶颈期，提高整个供应链的综合竞争力。当然，想要更好地做到这一点，商业银行需要在综合考虑核心企业、中小企业和整个供应链等多方面因素的基础上，着重对中小企业信用风险进行考察，在全面了解中小企业信用状况的情况下，采取不同的风险预防措施，来尽量减少自身可能发生的损失。

第四节　操作风险：激进者的杠杆扩张冲动

在众多供应链金融风险类别中，操作风险可以说是最为普遍的一种风险，其贯穿于商业银行的所有业务中，是商业银行风险管理工作的重要内容。

供应链金融体系是一个复杂系统，商业银行作为主导者需要对供应链整个过程的各个环节进行监督和管理。由于我国的供应链金融风险管理还不完善，业务操作流程还有很多需要修正、改进的地方，这些因素都为操作风险的发生埋下了隐患。

近年来，供应链金融市场爆发出多个供应链金融风险，其中大部分都是道德风险和操作风险。以应收账款为基础的供应链金融体系，其本质上依然是信用贷款，这也决定了道德风险和操作风险成为供应链金融体系中不可回避的主要风险。

在供应链金融市场中，一些资质比较差却又急躁冒进的企业，会借助供应链金融体系来不断谋求融资，在获得大量资金支持后，便开始迅速做大，然后进入资本市场聚敛钱财。这种企业背后是不断加高的杠杆，表面看上去风光无限，但实际上如果走错一步，细微的操作风险都会让耸立的高楼大厦顷刻崩塌。

对于金融机构来说，同行业竞争日趋激烈，没有新的业务增长点，就容易被对手迅速超越，并且越落越远。为了进一步扩张业务，一些金融机构会选择放松自己的风控标准，将更多企业纳入自己主导的供应链金融体系之中。显然，这种做法在很大程度上也增加了供应链金融的操作风险。

巴塞尔银行监管委员会认为，操作风险是由不完善或有问题的内部操作过程、人员、系统或外部事件所导致的一种直接或间接性损失的风险。供应链金融通过控制物流、资金流，以及自偿性结构设计，构筑了针对中小企业信用风险的监控机制，但也因此增加了许多贷后操作环节。也正是操作环节的增加，带来了更多的操作风险。

严格的操作制度和严密的操作流程在一定程度上决定了信用风险是否可以被有效规避，但同时，在具体的操作流程中，贷后操作能否保证规范、合法和严密，也决定着操作风险发生的概率有多大。可以看出，供应链金融业务模式在一定程度上将中小企业的信用风险转变成了商业银行的操作风险。

在应对供应链金融的操作风险时，商业银行首先要建立并完善自身的内部风控体系，尤其要着力提高相关业务人员的工作能力和风险应对能力。供应链金融的许多贷后操作都需要相关业务人员去操作，银行只有提高这些业务人员的综合素养，才能尽可能地避免操作风险的发生。

上面提到的操作风险应对方法是最为基础也是最为有效的，业内人士多称其为"让专业的人做专业的事"。操作人员对工作流程越熟练，操作风险就会越低，这是显而易见的道理。但从整个供应链金融体系来看，想要更好地规避操作风险，仅仅依靠"专业的人"是远远不够的，还需要借助其他力量去合理转移和化解这种操作风险。

在一些供应链金融体系中，商品监管是比较容易出现操作风险的环节。由于仓库与银行间信息的不对等，很容易导致其中一方决策的失误，从而造成对质押商品监管的操作风险。由于供应链中物流企业的管理粗放、信息化程度较低，在供应链运作过程中，很容易出现同一商品重复质押，以及质押商品被非法挪用的风险。

当前，我国物流企业正在从传统物流向现代物流转化，一些大的物流企业已经基本实现信息化变革，但仍有不少物流企业的信息化程度还很低，多半还停留在人工作业阶段，这在很大程度上增加了操作风险出现的可能。在一些供应链中，物流企业内部人员与货主合谋，通过伪造仓单的方式，让货主私自提货，严重损害了本企业和供应链资金方的利益，也严重危害了供应链金融体系的稳定。

在应对商品监管中的操作风险时，物流企业的信息化管理成为必不可少的保障条件。在仓储信息化过程中不断优化自身的管理和业务水平，可以让物流企业在开展金融服务时，更好地控制可能发生的操作风险，从而提高服务的效率与质量。

在信息化管理过程中，建立信息技术平台，加强供应链上企业的信息交流，也可以有效减少操作风险的发生。供应链金融平台的兴起，很大程度上正是出于物流、信息流和资金流协调、融合的考虑。通过信息技术平台，可以很好地对供应链各节点间的交易过程进行监督和追溯，发生操作风险也可以及时应对，将危害降到最低。

物流企业在开展供应链金融业务时，要注重做好各项合约的订立工作。在商品监管环节，需要与客户签订"仓储协议"，明确入库商品的验收和养护要求。同时，还要与银行签订相关质押权保证书，协调双方的行动。在商品处置环节，物流企业更需要兼顾银行和客户的利益，按照先前签订的协议来处置质押物。在供应链金融体系中，物流企业做好自己的本职工作，能够显著降低整个体系发生操作风险的概率。

无论是物流企业还是商业银行，都要根据供应链金融模式来制定严格的操作规范和监管流程。物流企业需要做的就是上面提到的加强信息化管理水平，注重个性合约的订立，而银行需要做的，就是充分收集供应链企业资料，提高业务人员的工作能力，完善资信核查制度。只有双方都做好自己的工作，供应链金融体系的操作风险，才能够被有效化解。

第五节　风险防控：产业供应链金融风险管控

在产业供应链金融体系中，任何种类的风险都可能会导致供应链金融体系的崩塌。当供应链上的一个企业发生风险后，这种风险会在供应链上迅速传导、发酵，如果缺少及时有效的控制，整个供应链都会处于巨大风险之中。为了能够更好地享受供应链金融模式为参与各方带来的好处，供应链上的每一个企业都应该针对可能发生的不同风险，采取不同的防范策略，将风险的危害降到最低。

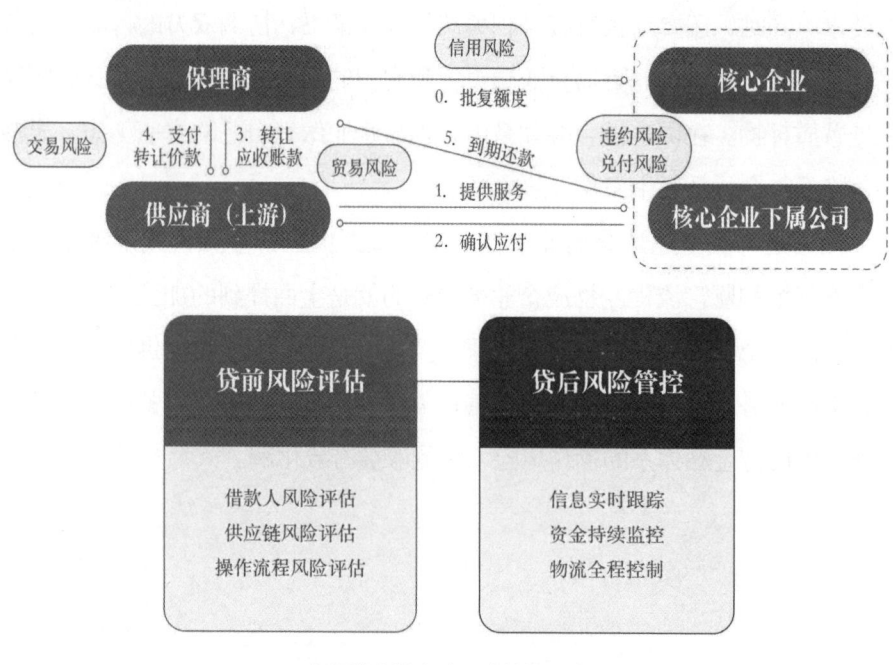

产业供应链金融风险管控系统

产业供应链金融业务风险在管控上，与传统信贷风险的步骤和流程基本相似，但在具体执行上，双方的侧重点是有所不同的。一般来说，一个完整的风险管控机制包括风险识别、风险度量和风险控制三个方面的内容。

风险识别是风险管控工作的第一步，无论是传统信贷业务的风险管理，还是产业供应链金融业务的风险管理，这一方面的工作都十分重要。它主要是对可能出现的风险因素进行判断和类别划分，在产业供应链金融业务的风险管控中，要注意做好与传统信贷业务风险种类的区分。

风险度量主要是运用定量分析的方法，去分析和评估风险事件所发生的概率。在这一方面，商业银行在多年传统信贷业务模式中，已经积累了大量的用户数据，对于传统信贷业务风险的评估，已经形成了较为成熟的模型。但在产业供应链金融市场中，商业银行由于缺少必要的数据信息储备，很难在一开始便构建起完善的风险量化评估模型，而需要与供应链中的核心企业或物流企业展开合作，或者是通过供应链金融平台来收集整个供应链上的真实贸易信息。在此基础上，再去逐步推进风险量化评估模型的搭建。

风险控制主要是指采取相应的措施，将风险度量中的具体风险控制在一定范围之中。在传统信贷业务中，商业银行对风险的控制措施主要有风险回避、风险防范、风险抑制、风险转移和风险保险等。而在产业供应链金融业务中，风险转移和风险保险这两种举措应用得并不广泛，常用的风险控制举措主要是风险防范和风险抑制。大多数供应链金融业务主导者，都会从风险防范和风险抑制两方面开展风险控制工作。

在早期的供应链金融业务模式中，商业银行不仅是业务的主导者，同时也是风险管控的实施者。经过近几年的发展，商业银行已经探索出了一种适用性较广的风险控制方法。由于这种方法可以显著降低风险控制的难度，所以得到了较为广泛的应用。

开展供应链金融业务的商业银行逐渐将风险评估的重点从风险报表转向贸易背景的真实性上。商业银行立足于供应链中的现金流，整合供应链上的所有信息，然后再根据供应链各成员的历史交易信息、现有订单信息和未来履约能力来进行融资风险判断。被认定为违约风险较小的供应链企业,更容易获得银行提供的融资支持。

在提供融资后,商业银行会通过与物流企业合作,对融资企业的物流配送及付款履约情况进行全程跟踪,及时识别可能发生的风险。这种沉浸式的风险控制方法,不仅可以有效控制整个供应链的风险,还可以让商业银行更清楚地了解供应链中的交易过程,对整个供应链的运作有一个完整的认知。

在前面的章节中,我们提到了供应链金融模式的几种常见风险。除了要对这些常见风险进行管控外,供应链金融体系主导者还需要重视对行业风险的控制。在制定具体的供应链金融信贷政策时,商业银行等金融机构不能只关注供应链上单个企业的财务数据,而是需要结合国家、行业和地区的市场政策来制定,这样可以有效避免自身陷入系统性风险之中。

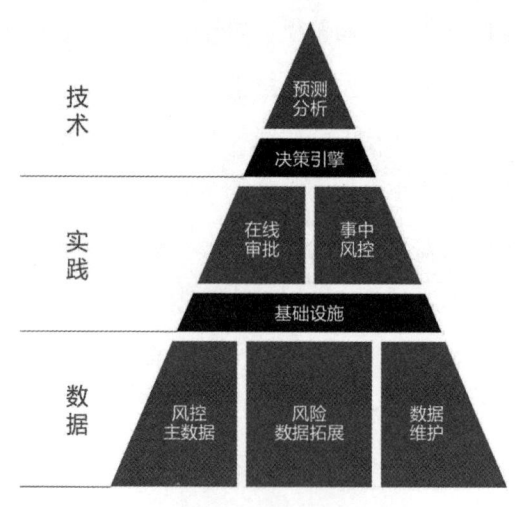

供应链金融风险防控方案

供应链金融体系的主导者需要从整体上把握所在行业的发展态势,从中识别出可能存在的各种信贷风险,结合供应链金融体系中可能发生的各种风险,综合制定完整的供应链金融风险防控方案。

在整体防控方案制定完成后,供应链金融体系主导者还应该定期开展风险模拟测试，及时检查风险防控方案的不足之处。同时，对于供应链中出现的单个风险，应该及时进行处理和纠正，防止其继续演化扩大，以至于蔓延到整个供应链体系之中。

通过与产业供应链金融体系中的更多企业合作，供应链金融体系的主导者可以获得更多的行业数据，通过大数据技术对这些数据信息进行风险分析，可以有效防止行业的整体授信风险。

在风险防控方面，大数据、区块链、物联网和人工智能等技术的兴起，为产业供应链金融风险管控提供了重要助力。在供应链金融体系运作过程中，商流、物流、信息流和资金流的整合是风险防控的重要工作，可以说，牢牢将这"四流"握在手中，供应链金融发生风险的概率就会降低许多。在金融科技的加持之下，供应链金融的业务风险将会更容易被识别、更容易被控制，整体的供应链金融风控效率会出现明显提高。

在这一方面，供应链金融体系的主导者可以通过构建一个科学完善的风险管理体系来实现。基于供应链上的真实贸易数据，通过设定相应的风险防控指标，并将供应链上的信息互联互通，可以有效提高供应链的风险控制能力。

产业供应链金融的业务风险控制，是每一个供应链参与者都需要重视的核心工作。可以说，做供应链金融，谁能在风险控制上面独占鳌头，谁就能在这条道路上走得更稳、更远。

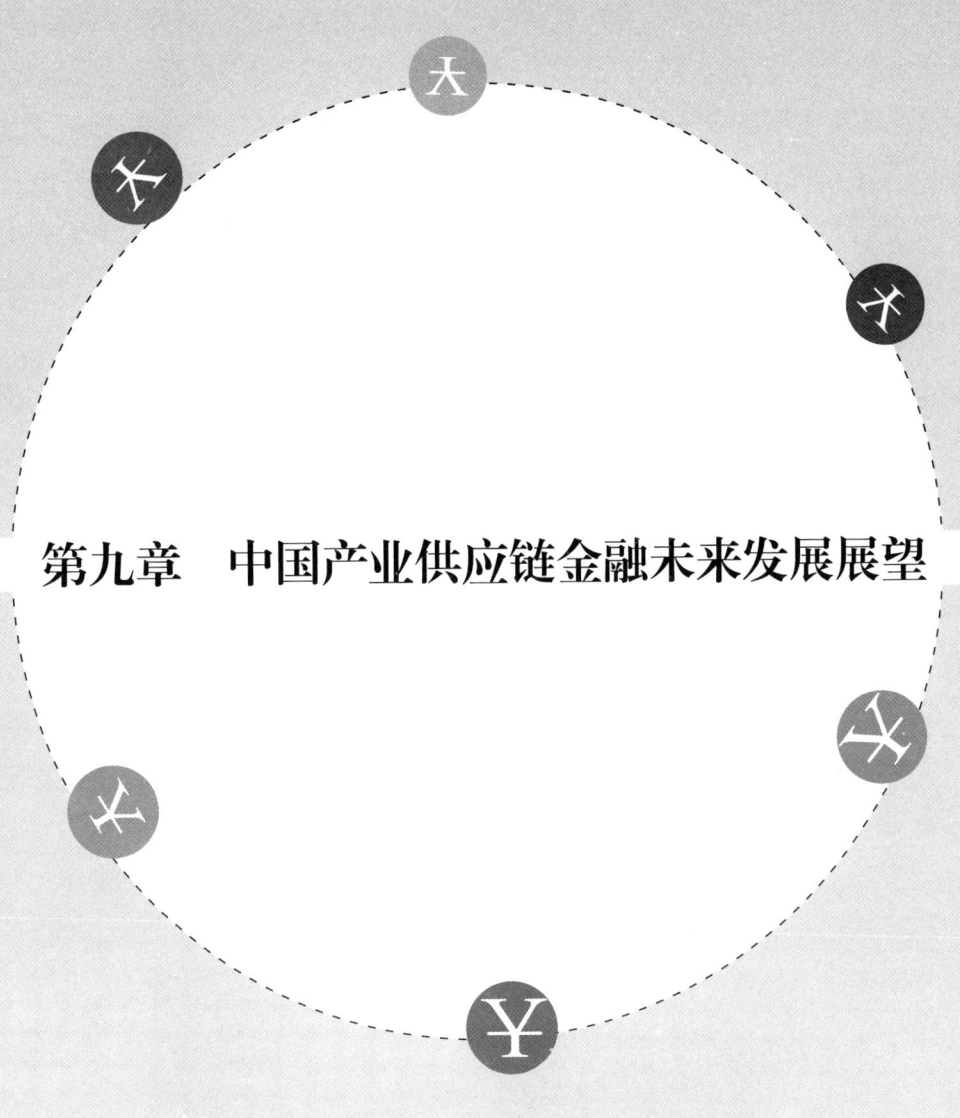

第九章 中国产业供应链金融未来发展展望

第一节　被供应链金融重新定义的商业世界

近年来,我国的供应链市场得到快速发展,随着国际分工越来越细,中国开始成为"世界工厂"。在这个过程中,我国各行业的供应链迅速发展起来。同一时期我国物流行业的发展,也在一定程度上促进了供应链的发展。

在供应链还未发展成熟之前,商业市场的竞争主要表现为同行业企业间的竞争。但随着社会化生产方式的逐步演进,现在商业市场的竞争已经转变为企业供应链之间的竞争,处于统一供应链中的企业联系更为紧密,呈现出一种"一荣俱荣,一损俱损"的相互依存关系。

在这种商业现实之下,供应链管理开始成为企业提升自身市场竞争实力的主要手段,供应链金融的出现也得益于供应链管理。为了维护供应链资金的有效运转,提高供应链资金的应用效率,降低供应链融资成本,供应链金融开始被广泛应用于供应链创新之中。

供应链金融不仅仅是一种新的金融模式,其更是一个新的赛道,未来所有的行业、企业和组织都可能会进入这条赛道之中。供应链金融的发展将会改写商业世界的竞争规则,改变企业运作的基本方式,深刻影响人类的商业社会。因此,商业市场中的每一个参与者都有必要去详细了解供应链金融。

在《供应链金融技术的标准定义》中,供应链金融被定义为利用融资和风险缓释的措施和技术,对供应链流程和交易中营运资本的管理和流动性投资资金的使用进行优化。供应链金融通常用于赊销交易,由供应链事件引发。融资提供方对基础贸易流程的可见性是这种金融安排必不可少的组成部分,此项安排可以通过技术平台来实现。

这一概念基本上概括了所有的供应链金融技术,同时也明确了其所属范畴和具体层级。在上述定义中,供应链金融被认为是一个"整体",其包括一系列金融和风险缓释技术,及具体金融实务,具有极大的可创新空间。

此外,定义还指出,供应链金融并不是一个完全静止的概念,而是一个会不断发展,可以通过各种技术方法组合起来的实务活动。当前,一些技术已经发展成熟,而一些技术(区块链技术、大数据技术、物联网技术、人工智能技术)才刚刚兴起,随着这些技术的不断成熟,供应链金融的内涵将会得到进一步丰富,其所起到的效果也会显著增加。从现在来看,供应链金融创新还有很多的可能性。

作为一种针对商业活动提供融资和风险缓释手段及技术组合的金融服务模式,供应链金融具有一些独有的特征和作用。

首先,供应链金融在实物供应链基础上,以真实贸易为背景,可以对企业的融资环节、规模、用途进行精准定位,可以满足融资企业多样化的融资需求。供应链金融的精准性确保了供应链其他功能的实现,同时也是供应链金融区别于其他金融产品的一个独有特征。这种精准既代表着高效率,同时也在一定程度上代表着低风险。

其次,供应链金融与传统的信贷业务最大的不同表现在对中小企业的信用评定上。供应链金融在审核企业的融资申请时,虽然也会考察企业的规模、性质和业务水平,但其更多会从整个供应链角度去考量,同时采取更为客观的评价标准。相对而言,在供应链上与核心企业存在真实贸易往来的中小企业,会受到核心企业的增信支持,更容易获得商业银行的融资支持。因此,在很多时候,供应链金融也被认为是一种普惠金融。

最后,相比于传统的信贷业务,供应链金融的资金安全性更高,违约风险也相对较低。由于有真实的贸易作为支撑,供应链金融的资金方可以很好地了解贸易双方的具体信息,在决定提供融资之前,资金方会进行较为完善的风险评估。虽然融资的受众范围更广、门槛更低,但整个过程的资金安全性却更高了。

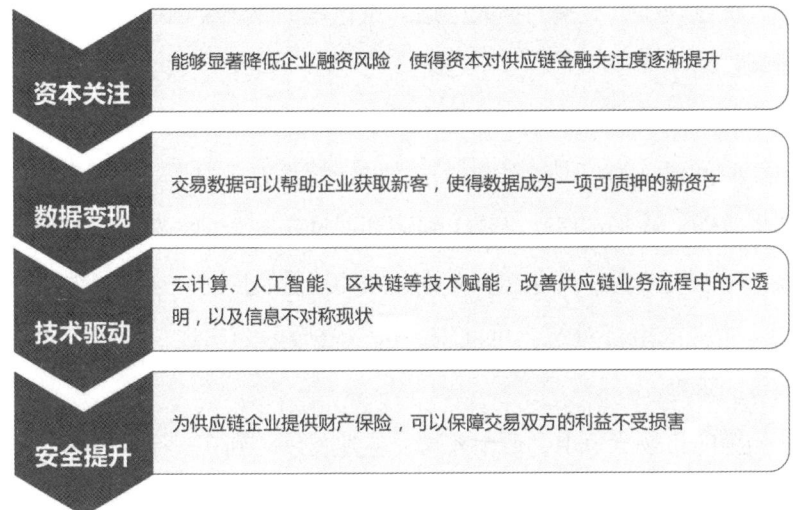

供应链金融技术平台

在当今商业市场中,供应链金融正在发挥着越来越重要的作用,尤其是在助力中小企业和实体经济方面,表现出了显著的优越性。

当前,全球产业发展正处于第四次产业革命之中,供应链金融的出现既可以满足企业进行金融创新活动的需求,也可以帮助企业创造新的利益增长点,其完全符合第四次产业革命的需求,是第四次产业革命中的重要组成部分。

供应链金融以供应链为基础,通过大数据、区块链、物联网和人工智能技术,整合供应链上的资金流、信息流、物流和商流,从而迅速对接供应链企业的资金需求,确保了供应链上资金的高效运转,以及供应链的稳定发展。

由于脱生于实体供应链之中,供应链金融可以将资金引导到实体经济的重点发展目标上,助力供给侧结构性改革目标的实现。具体来说,对于那些拖累经济发展的"僵尸企业",供应链金融将会减少对其的资金供应,切断

"生命线"。相反,对于那些顺应市场需求,刚刚发展起来的朝阳产业,一些企业的规模虽然有限,但供应链金融依然可以为其"造血",帮助其解决资金瓶颈,促进其生产规模的扩大。这一点也是供应链金融精准性特征的一个具体表现。

在最直接的方面,供应链金融的出现将会有效解决中小企业"融资难、融资贵"的问题,为中国经济的增长提供新的活力。中小企业融资问题是一个世界性难题,我国在多次会议上强调要通过普惠金融的创新,来努力解决中小企业的融资难题。现在,供应链金融的出现及应用,所解决的正是供应链上中小企业的融资难题。可以说,供应链金融的出现,加速了"普惠金融"政策的落地。

在当前的市场竞争中,很少有哪个企业可以做到在一个行业中"一家独大",独立承包整个供应链链条上的全部工作。经济全球化的趋势也告诉我们,供应链各环节的细致分工、紧密配合,已经成为供应链企业发展的必由之路。无论是供应链上的核心企业,还是位于上下游的中小企业,在供应链金融体系中合作共赢,已经成为其生存发展的必然选择。这正是所谓的"合则两利,分则两伤"的道理。

第二节 中国促进中小企业发展的相关普惠金融政策

一、《推进普惠金融发展规划（2016—2020）》

普惠金融指的是立足于机会平等要求和商业可持续原则，以可以负担的成本为有金融服务需求的社会各阶层和群体提供适当有效的金融服务。相比于传统信贷金融业务，普惠金融更注重对小微企业、农民、城镇低收入群体、贫困人群、残疾人和老年人等特殊群体提供相关的金融服务。

发展普惠金融是我国全面建设小康社会的必然要求，对于金融可持续发展也具有重要的意义。党和国家高度重视普惠金融的发展，十八届三中全会明确提出发展普惠金融的要求，2015年的《政府工作报告》也提出要大力发展普惠金融。在2015年底，国务院制定了《推进普惠金融发展规划（2016-2020）》（下称"《发展规划》"）。

《发展规划》从总体思路、健全多元化广覆盖的机构体系、创新金融产品和服务手段、加快推进金融基础设施建设、完善普惠金融法律法规体系、发挥政策引导和激励作用、加强普惠金融教育与金融消费者权益保护、组织保障和推进实施等八个方面，系统规划了我国普惠金融的发展路径。

在总体思路中，《发展规划》明确了我国现阶段发展普惠金融的总体目标，即到2020年，建立与全面建成小康社会相适应的普惠金融服务和保障体系，有效提高金融服务可得性，明显增强人民群众对金融服务的获得感，显著提升金融服务的满意度，满足人民群众日益增长的金融服务需求，特别是要让小微企业、农民、城镇低收入人群、贫困人群和残疾人、老年人等及时获取价格合理、便捷安全的金融服务，使我国普惠金融发展水平居于国际中上游水平。

而在创新金融产品和服务手段中，《发展规划》指出要积极引导各类普惠金融服务主体借助互联网等现代信息技术手段，降低金融交易成本，延伸服务半径，拓展普惠金融服务的广度和深度。

《发展规划》还鼓励金融机构运用大数据、云计算等新兴信息技术，打造互联网金融服务平台，为客户提供信息、资金、产品等全方位金融服务。鼓励网络支付机构服务电子商务发展，为社会提供小额、快捷、便民支付服务，提升支付效率。供应链金融的迅速发展，正是得益于此类政策的支持。

在加快推进金融基础设施建设中，《发展规划》指出要加快建立多层级的小微企业和农民信用档案平台，实现企业主个人、农户家庭等多维度信用数据可应用。扩充金融信用信息基础数据库接入机构，降低普惠金融服务对象征信成本。

供应链金融平台的出现，在一定程度上解决了中小微企业融资成本和融资信用问题。通过核心企业的增信支持，只要中小微企业能够保证生产经营的稳定性，就能够通过供应链金融平台获得融资支持。在一次次融资过程中，中小微企业的规模和信用水平也会随之提高，这种良性的信用增长机制，对于中小微企业的发展是至关重要的。

在发挥政策引导和激励作用中，《发展规划》指出要以正向激励为导向，从业务和机构两方面采取差异化监管政策，引导银行业金融机构将信贷资源更多地投向小微企业、"三农"、特殊群体等普惠金融薄弱群体和领域，并推进小微企业专营机构和网点建设。

对于银行等金融机构来说，我国中小企业市场还蕴含着极大的发展潜力，将信贷业务拓展到中小企业之中，是银行等金融机构获得新的利润增长点的重要途径。在国家政策的大力支持下，银行等金融机构纷纷创新金融信贷业务模式，通过供应链金融等新的金融模式，拓展自身的业务范围。在这个过程中，中小微企业和特殊群体也由此获得发展必需的资金支持。

《发展规划》的制定是为了推动普惠金融的发展，提高金融服务的覆盖率、可得性和满意度。近年来，我国普惠金融发展呈现出服务主体多元、服务覆盖面较广、移动互联网支付使用率较高的特点，取得了一定的成绩，但也面临着诸多问题和挑战。为了进一步确保普惠金融服务的均衡发展，构建更为完善的普惠金融体系，政府部门又相继出台了其他一些促进中小企业发展的相关普惠金融政策。

二、《中华人民共和国中小企业促进法》

2018年1月1日，全新修订的《中华人民共和国中小企业促进法》（下称"《中小企业促进法》"）正式开始施行。新版的《中小企业促进法》是在2003年起开始实施的中小企业促进法基础上修订而来的，具体内容将现行法律从7章扩展为10章，从45条增加到61条。

新版的《中小企业促进法》中增加了许多促进中小企业健康发展的具体措施，这些举措不仅强化了政府对中小企业的扶持力度，着力解决了中小企业发展面临的突出问题，还与现行法律达成了良好的衔接。内容更加广泛，也更加具体，对促进中小企业健康发展具有非常重要的意义。具体来说，其内容上的亮点主要表现在以下几个方面。

在财税支持部分，《中小企业促进法》第二章第八条指出，中央财政应当在本级预算中设立中小企业科目，安排中小企业发展专项资金。县级以上地方各级人民政府应当根据实际情况，在本级财政预算中安排中小企业发展专项资金。第九条指出，中小企业发展专项资金通过资助、购买服务、奖励等方式，重点用于支持中小企业公共服务体系和融资服务体系建设。第十条指出，国家设立中小企业发展基金。国家中小企业发展基金应当遵循政策性导向和市场化运作原则，主要用于引导和带动社会资金支持初创期中小企业，促进创业创新。县级以上地方各级人民政府可以设立中小企业发展基金。

这些举措都是从财税角度入手,为中小企业发展提供资金方面的支持。此外,一些原有的惠及中小企业的税收优惠政策,被上升为法律,一些具体的优惠举措,也在新修订的《中小企业促进法》中得到了明确规定。

《中小企业促进法》第三章第十四条指出,中国人民银行应当综合运用货币政策工具,鼓励和引导金融机构加大对小型微型企业的信贷支持,改善小型微型企业的融资环境。

第三章第十五条指出,国务院银行业监督管理机构对金融机构开展小型微型企业金融服务应当制定差异化监管政策,采取合理提高小型微型企业不良贷款容忍度等措施,引导金融机构增加小型微型企业融资规模和比重,提高金融服务水平。

第三章第十七条指出,国家推进和支持普惠金融体系建设,推动中小银行、非存款类放贷机构和互联网金融有序健康发展,引导银行业金融机构向县域和乡镇等小型微型企业金融服务薄弱地区延伸网点和业务。国有大型商业银行应当设立普惠金融机构,为小型微型企业提供金融服务。国家推动其他银行业金融机构设立小型微型企业金融服务专营机构。

这三条规定,从宏观方向上要求银行等金融机构加强对小微企业的信贷支持,改善小微企业的融资环境,其直指的正是中小微企业"融资难、融资贵"的问题。普惠金融体系建立已经成为国家支持中小微企业发展的重要途径,新的创新金融服务机构也成为国家支持的目标。

《中小企业促进法》第八章第五十三条指出,国家机关、事业单位和大型企业不得违约拖欠中小企业的货物、工程、服务款项。中小企业有权要求拖欠方支付拖欠款,并要求对拖欠造成的损失进行赔偿。

第八章第五十四条指出,任何单位不得违反法律、法规向中小企业收取费用,不得实施没有法律、法规依据的罚款,不得向中小企业摊派财物。中小企业对违反上述规定的行为有权拒绝和举报、控告。

作为《中小企业促进法》的新增内容,这些条例体现了国家对中小企业权益保护力度的增加,确保了中小企业发展的稳定性。

总体来看,新修订的《中小企业促进法》主要围绕中小企业发展过程中的各项突出问题,从财税支持、融资促进、创业扶持、创新支持、市场开拓、服务措施、权益保护和监督检查等方面对促进中小企业健康发展给出了重要的指导意见。近年来,供应链金融等新的金融服务模式的涌现,正是相关政策大力支持所形成的结果。

三、《关于促进中小企业健康发展的指导意见》

2019年4月,中共中央办公厅、国务院办公厅印发了《关于促进中小企业健康发展的指导意见》,对中小企业的持续稳定发展问题提出了一系列指导意见。

作为国民经济和社会发展的生力军,中小企业在扩大就业、改善民生、促进创业创新方面发挥着重要作用,对于稳增长、促改革、调结构、惠民生、防风险方面也具有重要意义。为了推动中小企业的健康发展,党中央和国务院在财税金融、营商环境和公共服务方面出台了一系列措施,取得了较为明显的成效。

但近年来,国际国内市场环境变化丛生,中小企业发展迎来了新的问题,生产成本上升、融资难、融资贵、技术实力不足、创新能力有限等问题不断凸显,这些问题严重制约着中小企业的健康发展。党中央、国务院高度重视这些问题,制定并出台了《关于促进中小企业健康发展的指导意见》(下称"《指导意见》")。

《指导意见》分为指导思想、营造良好发展环境、破解融资难融资贵问题、完善财税支持政策、提高创新发展能力、改进服务保障工作、强化组织领导和统筹协调八个部分。

在指导思想方面,《指导意见》指出要以习近平新时代中国特色社会主义思想为指导,全面贯彻党的十九大和十九届二中、三中全会精神,坚持和完善我国社会主义基本经济制度,坚持"两个毫不动摇",坚持稳中求进工作总基调,坚持新发展理念,以供给侧结构性改革为主线,以提高发展质量和效益为中心,按照竞争中性原则,打造公平便捷营商环境,进一步激发中小企业活力和发展动力。

在营造良好的发展环境方面,《指导意见》在放宽市场准入、深化对中小企业的"放管服"改革和实行公平统一的市场监管制度等方面,做出了细致规定。其中,打造公平的市场竞争环境,为中小企业发展提供充足的市场空间,主动服务中小企业,以"一企一策"方式切实给予企业帮助,成为营造良好市场发展环境的基础工作。

在破解融资难、融资贵问题方面,《指导意见》从完善企业融资政策、拓宽企业融资渠道、减轻企业融资负担等方面出发,提出了一系列具体的融资优惠举措。其中,进一步落实普惠金融定向降准政策,加大再贴现对中小微企业的支持力度等举措,让中小企业在融资中获得更多优惠。金融机构扩大出口信用保险保单融资和出口退税账户质押融资,则减轻了出口企业的融资负担。

在完善财税支持政策方面,《指导意见》指出,要落实对小微企业融资担保降费奖补政策,进一步降低创业担保贷款贴息的政策门槛,清理规范涉企收费,加快推进地方涉企行政事业性零收费。同时,各级政府要为中小企业开展政府采购项下融资业务提供便利,依法及时公开政府采购合同等信息。在国家层面上,还要大力推进国家级新兴产业发展基金、军民融合产业投资基金的实施和运营,支持战略性新兴产业、军民融合产业领域优质企业融资。

在提升创新发展能力方面,《指导意见》指出要通过中央财政加大对中小企业技术创新的支持,完善创新创业环境。还要运用互联网、大数据等手段,通过源头追溯、实时监测、在线识别等强化知识产权保护,加快建立侵权惩罚性赔偿制度,提高违法成本,保护中小企业创新研发成果。

在中小企业转型发展过程中,要推动发展"互联网+中小企业",鼓励大型企业及专业服务机构建设面向中小企业的云制造平台和云服务平台,发展适合中小企业智能制造需求的产品、解决方案和工具包,完善中小企业智能制造支撑服务体系。

在改进服务保障工作方面,《指导意见》主要从完善公共服务体系、推动信用信息共享、重视培育企业家队伍和支持对外合作交流等方面,提出了一些具体举措。而在强化组织领导和统筹协调方面,则是从加强支持和统筹指导、加强工作督导评估和营造良好舆论氛围等方面做出了相关规定。

《关于促进中小企业健康发展的指导意见》的出台,有助于消除中小企业发展过程中出现的突出问题,减少整体市场的经济风险。国家有关部门对中小企业发展的重视,也有助于稳定和增强中小企业的发展信心和发展预期。

第三节　中国商业保理及融资租赁发展的相关政策

一、中国商业保理行业发展相关政策总结

伴随着国际贸易和市场经济的发展，信用交易开始在全球范围内广泛流行。在应收账款成为企业的重要资产后，如何加速应收账款的周转成为企业管理的一个重要课题。在这种背景下，专门针对应付账款提供金融服务的保理业务获得了较大发展。

（一）《关于商业保理试点有关工作的通知》

2012年6月27日，商务部发布了《关于商业保理试点有关工作的通知》（下称"《试点通知》"），同意在天津滨海新区、上海浦东新区开展商业保理试点，探索商业保理发展途径，更好地发挥商业保理在扩大出口、促进流通等方面的积极作用，支持中小商贸企业发展。

《试点通知》鼓励各类商业保理公司根据《国务院关于进一步支持小型微型企业健康发展的意见》精神，面向中小微型企业提供服务，积极开展国际和国内保理业务。同时要求在试点地区建立工作机制，健全监管制度，对申请设立商业保理的公司，进行严格的准入管理，规范其经营行为。

此后，针对不同地区的商业保理试点实施方案，商务部针对有关问题发布了复函。自此，越来越多的商业保理公司开始出现。

（二）《关于做好商业保理行业管理工作的通知》

2013年8月15日，商务部发布《关于做好商业保理行业管理工作的通知》（下称"《管理通知》"），为进一步加强商业保理行业管理，针对已经开展商业保理试点的地区，提出了一些重点工作要求。

《管理通知》指出，商务部将建立商业保理行业统计制度，已经开展商业保理试点地区的商务主管部门应要求本地区的商业保理公司登录商务部商业保理业务信息系统进行信息填报。试点地区商务主管部门还应建立重大事项报告制度，及时通过系统向商务主管部门报告。

同时，试点地区商务主管部门还应制订非现场监测和现场检查年度实施方案，并报省级商务主管部门。在此基础上，试点地区商务主管部门应建立商业保理公司年审制度。为了更好地实施监督检查工作，试点地区商务主管部门还每年会同有关部门对辖内商业保理公司至少进行一次全面现场检查，系统排查企业信用风险、市场风险、操作风险和法律风险。

2015年，国务院、商务部等部门密集出台了一系列政策文件，大力推动商业保理行业的发展。

2015年5月7日，国务院发布《关于大力发展电子商务加快培育经济新动力的意见》。在加大金融服务支持的举措中指出，要鼓励商业银行、商业保理机构、电子商务企业开展供应链金融、商业保理服务，进一步拓展电子商务企业融资渠道。

2015年8月25日，商务部发布《关于支持自由贸易试验区创新发展的意见》。在降低投资准入门槛举措中指出，要支持自贸试验区开展商业保理试点，探索适合商业保理发展的外汇管理模式，积极发展国际保理业务，充分发挥商业保理在扩大出口、促进流通、解决中小企业融资难等方面的积极作用。

2015年8月28日，国务院发布《关于推进国内贸易流通现代化建设法治化营商环境的意见》。在健全内贸流通规范有序的规制体系举措中指出，支持信用调查、信用评估、信用保险、商业保理等信用服务行业加快发展，创新信用产品和服务。鼓励行业协会商会建立会员企业信用档案，推动具有上下游产业关系的行业协会商会建立信用信息共享机制。

2016年2月，商务部、发改委等十部门联合发布了《国内贸易流通"十三五"发展规划》。在加大财政金融支持举措中，鼓励流通企业可以采用投资基金、动产质押等多种方式融资，发挥典当、融资租赁、商业保理等相关行业的补充作用，多渠道筹集内贸流通发展资金，降低企业融资成本。稳步推广供应链金融，开展消费金融公司试点，鼓励金融机构创新消费信贷产品和服务模式。

近年来，在一系列支持政策相继出台后，中国商业保理市场迅速发展，商业保理企业数量也迅速增加。

二、中国融资租赁行业发展相关政策总结

我国的融资租赁行业从2007年开始呈现出迅速发展的趋势，到现在，已经成为众多金融业态中的一个重要分支。但与国外融资租赁行业相比，我国的融资租赁还处于发展初期，虽然监管和税收优惠政策不断完善，但整体市场渗透率还比较低。

此外，国外的融资租赁行业已经形成了较为完善的法律法规体系，而我国融资租赁行业依然以《民法通则》《经济合同法》《物权法》等法律作为参照。这些法律虽然涉及融资租赁行业的相关内容，但其并没有全面覆盖融资租赁当事人的权利和义务。法律法规体系尚不健全，也成为我国融资租赁行业发展的一大影响因素。

2006年4月12日，商务部和国家税务总局联合发布《关于加强内资融资租赁试点监管工作的通知》（下称"《监管通知》"）。《监管通知》从建立健全监管机制、加强变更事项管理和建立退出机制三方面对融资租赁行业的监管工作提出了新的要求。

在建立健全监管机制方面，《监管通知》要求各地区要制定本地区试点企业管理办法，不断研究试点工作出现的新情况、新问题，及时帮助企业解

决问题，确保试点工作顺利进行。要进一步完善信息统计制度，试点企业应定期向省级商务主管部门和地方税务局上报经营情况，并抄报商务部。

在加强变更事项管理方面，《监管通知》要求试点企业在变更名称、异地迁址、增减注册资本金、改变组织形式、调整股权结构等操作之前，应事先通报省级商务主管部门和地方税务局，同时抄报商务部和国家税务总局，并在办理变更工商登记手续后5个工作日内报省级商务主管部门和地方税务局备案。

在建立退出机制方面，《监管通知》要求各地商务、税务主管部门要建立和完善试点企业退出机制，实行经营业绩年度考核制。对融资租赁业务在会计年度内未有实质性进展，以及发生违规行为的试点企业，各地商务、税务主管部门应及时将有关情况上报。商务部、国家税务总局将据此研究决定是否取消其试点资格，并适时调整试点企业名单。

2013年9月18日，为进一步完善融资租赁企业监管制度，提升融资租赁行业监管水平，规范融资租赁企业经营行为，防范行业风险，促进融资租赁业健康有序发展，商务部制定并印发了《融资租赁企业监督管理办法》（下称《办法》）。

《办法》共分为总则、经营规则、监督管理和附则四个部分。

其中，总则部分主要对融资租赁业务的定义、作用，融资租赁企业应具备的各项能力和人员构成，以及融资租赁企业的经营活动进行了具体说明。

经营规则部分主要对融资租赁企业开展各项业务的具体要求进行了说明，同时还规定融资租赁企业应该建立健全财务会计制度，建立完善内部风险控制体系以及关联交易管理制度等一些具体的经营规则。

监督管理部分则主要规定了各级商务主管部门对融资租赁企业的具体监管举措，同时指出商务主管部门要重视发挥行业协会作用，鼓励行业协会积极开展行业培训、从业人员资质认定、理论研究、纠纷调解等活动，支持行业协会加强行业自律和依法维护行业权益，配合主管部门进行行业监督管理，维护公平有序的市场竞争环境。

2014年12月4日，为保护融资租赁交易当事人和第三人的合法权益，防范和规避企业经营风险，商务部发布《关于利用全国融资租赁企业管理信息系统进行租赁物登记查询等有关问题的公告》（下称"《公告》"）。

《公告》指出，为避免租赁物权属冲突，商务部将全国融资租赁企业管理信息系统作为租赁物登记公示和查询平台。各融资租赁企业在开展融资租赁业务时，可及时通过商务部统一配发的账号和密钥，在全国融资租赁企业管理信息系统进行租赁物登记，公示租赁物权利状况，规避租赁物被非法出售、抵押等风险。

各融资租赁企业在受让物权，办理抵押、质押等业务，特别是开展售后回租业务时，可以登录全国融资租赁企业管理信息系统对标的物权属状态进行查询，避免产生权属冲突，防止"一物多融"，维护交易安全。

其他企业、经济组织和社会公众在受让物权，办理抵押、质押或进行其他物权变动交易时，可以登录全国融资租赁企业管理信息系统查询已经登记的融资租赁企业名录和租赁物权属状态，防止租赁物恶意转卖，规避交易风险。

各省级商务主管部门要高度重视租赁物登记公示工作，防范可能发生的市场交易风险，维护市场交易的安全稳定。

2015年7月23日，为贯彻落实《国务院关于推广中国（上海）自由贸易试验区可复制改革试点经验的通知》精神，推动融资租赁行业快速健康发展，商务部决定将中国（上海）自由贸易试验区融资租赁行业改革试点经验在全国范围内推广，允许融资租赁公司兼营与主营业务有关的商业保理业务，融资租赁公司设立子公司不设最低注册资本限制。

2015年9月，国务院办公厅相继发布了《关于加快融资租赁业发展的指导意见》和《关于促进金融租赁业健康发展的指导意见》两份指导性政策。这两份《指导意见》是当前融资租赁行业内级别最高的指导性政策，其中涉及了许多融资租赁的优惠政策。从这两份《指导意见》的出台可以看出，国家已经将融资租赁行业提高到了一个十分重要的位置。

2018年5月8日，商务部办公厅发布《关于融资租赁公司、商业保理公司和典当行管理职责调整有关事宜的通知》。根据《中共中央关于深化党和国家机构改革的决定》等文件要求和全国金融工作会议精神，商务部已将制定融资租赁公司、商业保理公司、典当行业务经营和监管规则职责划给中国银行保险监督管理委员会，自4月20日起，有关职责由中国银保监会履行。

从这一变动可以看出，国家对于融资租赁行业的监管将从原有的宽松自由，逐步向规范管理过渡，最终将会朝着形成健全规章制度体系的方向去发展。可以预见，国家对融资租赁行业的监管将会持续加强，行业的准入门槛也会有所提高，一系列变动将会促进行业朝着健康平稳的方向发展。

虽然中国银保监会对融资租赁和商业保理业务的具体规章制度还没有出台，但一年多来，各地方政府已经相继出台了许多地方金融监管规范。相信，国家层面的法律法规很快就将出台，届时商业保理业务和融资租赁业务的开展将会更加有法可依。

第四节　中国产业供应链金融未来发展方向及前景展望

随着国家政策的大力扶持，很多企业都开始在供应链金融领域深耕布局。借助于大数据、区块链和物联网等金融技术的加持，产业供应链金融业务近年来在我国获得了快速发展。

在传统的供应链贸易中，企业的支出和收入之间往往存在一定的时间差，由此便形成了资金缺口。产业供应链金融服务正是基于这种资金时差，通过一定的风险管控手段，借助供应链核心企业的信用，来为供应链上其他企业提供融资服务。

近年来，区块链技术、大数据技术和物联网技术等科技的发展，为产业供应链金融构建商流、物流、信息流、资金流"四流合一"的金融服务体系提供了重要助力。而随着这些金融科技的日益成熟，以产业供应链金融平台为基础的供应链金融生态圈的风险防控能力也将会不断提升。

从当前产业供应链金融的现状来看，未来产业供应链金融的发展将会朝着在线化、专业化和标准化的方向发展。

在线化是当前产业供应链金融发展的一大趋势，同时也是提高产业供应链金融业务运作效率、降低产业供应链金融风险的必然要求。传统的线下供应链金融业务模式，已经不再适应当前飞速发展的经济贸易形势，大宗贸易要求交易双方能够有效集成数据信息。产业供应链金融服务商必须要通过大数据、云计算等工具将供应链上中小企业的交易信息迅速转化为信用信息，由此提高供应链交易信息的透明度，降低自身与中小企业信息的不对称程度，提高融资效率，保障资金安全。

在线化可以完全突破地域限制，对于系统庞杂的产业供应链金融体系而言，想要为分布在全国范围的内的供应商提供融资服务，产业供应链金融的在线化是必不可少的。

专业化是产业供应链金融发展的必然归途，同时也是产业供应链金融发挥作用的有效手段。这种专业化，一方面是指产业供应链金融植根于某一或若干细分行业提供专业金融服务，通过熟悉行业交易习惯、竞争条件、供需状况等内容，来逐渐在细分行业中形成核心竞争力；另一方面则是指产业供应链金融侧重于提供某一方面或若干方面的金融服务，从自身先天优势出发，在信用评级、风险评估和提供融资等方面发挥专业特长，由此形成差异化的竞争优势。这两种不同的专业化路径，都是供应链金融未来发展的重要方向，至于该如何选择，还需要看产业供应链金融服务提供者自身的情况而定。

标准化是产业供应链金融可持续发展的必要条件。一方面，产业供应链金融行业的相关标准性文件将不断完善，产业供应链金融的定义、范畴和具体业务操作流程也将得到规范，整个行业形成统一规范，不仅有利于行业间交流，也有利于对外业务的开展。另一方面，政府有关部门也会在法律制度和司法解释方面，为产业供应链金融的发展提供标准化的制度保障，由于产业供应链金融业务所涉及的各种关系较为复杂，制定标准化的法律法规文件，还需要有关部门共同努力才行。

当前阶段，我国产业供应链金融还处于初级阶段，但借助于金融科技和政策扶持，发展速度较快。据统计，在 2015 年，我国的产业供应链金融市场规模便已经达到 11.97 万亿元，2016 年这一数字已经接近 13 万亿元，而 2017 年我国产业供应链金融市场的规模继续增加到了 14.42 万亿。鉴于近年来我国金融监管力度增加，产业供应链金融的市场规模增长速度将会有所减慢，但从总体上来看，整体上升的趋势是不会改变的。

2018年4月10日,商务部等八个部门发布了《关于开展供应链创新与应用试点的通知》。通过试点,力求打造"五个一批",即创新一批适合我国国情的供应链技术和模式,构建一批整合能力强、协同效率高的供应链平台,培育一批行业带动能力强的供应链领先企业,形成一批供应链体系完整、国际竞争力强的产业集群,总结一批可复制推广的供应链创新发展和政府治理实践经验。通过试点,现代供应链将成为培育新增长点、形成新动能的重要领域,成为供给侧结构性改革的重要抓手,成为"一带一路"建设和形成全面开放新格局的重要载体。

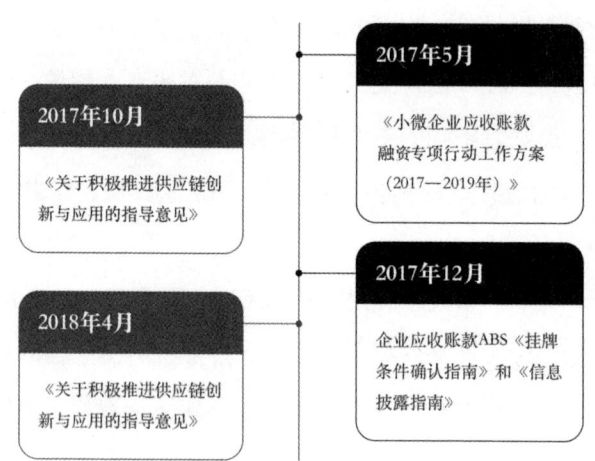

推进产业供应链金融发展的相关政策

在一系列政策的大力支持下,越来越多的市场主体开始参与到产业供应链金融领域之中。单一供应链金融体系的覆盖范围也有所扩大。2017年,产业供应链金融服务企业能做到全国覆盖的占比仅为39%,2018年,全国覆盖的产业供应链金融服务企业占比已经达到了78%。

在具体的业务形态上,我国的产业供应链金融业务中,应收账款融资业务占比最高。2018年有超过80%的供应链金融服务企业都开展了应收账款融资。订单融资、预付款融资、存货质押融资的占比紧随其后,还有一些供应链金融服务企业开展了纯信用贷款融资和担保融资业务。

在政策支持之外，金融科技的应用成为产业供应链金融发展的重要助力因素。从宏观层面来看，产业供应链金融模式解决了传统融资模式的固有弊端，将单一企业的不可控风险转变为整体供应链的可控风险，具有较大的进步性。但不可否认，产业供应链金融业务开展过程中，依然存在着诸多问题与挑战，这些细节之中的问题，大多需要依靠金融科技来解决。

区块链、大数据和物联网等新兴科技成为解决产业供应链金融业务痛点的"救命良方"，尤其是区块链技术所具有的数字加密、分布式账本、点对点通信等多领域的融合技术，凭借其链上数据的不可篡改和可溯源性，对于解决产业供应链金融业务中的各类风险具有重要帮助。

更为重要的是，区块链技术可以将核心企业的信用扩展到整个供应链，即使是处于供应链末端的较多层级的供应商，也可以获得核心企业的增信支持。这可以在很大程度上提高供应链链条的融资效率，帮助供应链金融服务企业更好地对整个供应链进行管理。

当前，已经有很多企业开始将区块链技术应用到供应链金融领域，按照这一趋势，未来将会有更多企业加入以区块链技术为支撑的产业供应链金融浪潮之中。随着区块链技术在供应链金融模式中的不断应用，二者的结合也会更为紧密，产业供应链金融的业务体系也会更为完善。

中国的产业供应链金融市场中，还埋藏着巨大的"宝藏"，未来的产业供应链金融竞争将会越来越激烈。在异常激烈的市场竞争中，想要拔得头筹，就必须要在金融科技和金融服务模式创新方面多下功夫才行。